Meredith Haaf
Heult doch

Zu diesem Buch

Eine Generation soll erwachsen werden – und ist ratlos. Wer heute zwischen zwanzig und dreißig ist, hat gelernt, dass nichts wichtiger ist als individuelle Freiheit. Dass der Staat schon irgendwie alles richten wird und Politiker sowieso alle gleich sind. Dass Wettbewerb Fortschritt erzeugt und deswegen wichtiger für die Gesellschaft ist als Solidarität. Die Kinder der bürgerlichen Mittelschicht sind getrimmt auf Konkurrenz, wissen aber nicht wie man kämpft. Sie hassen Konflikt und suchen den Konsens. Businesspläne zählen für sie mehr als große Ideen. Sie sind skeptisch, pragmatisch und kritikfaul. Sie sind Jungmanager, Dauerpraktikanten, Schönheitsstreberinnen und Erbschaftsbohémiens. Meredith Haaf schreibt pointiert und klug über eine Generation, die ihre eigene ist. Und fordert sie in ihrem Buch auf, endlich Verantwortung zu übernehmen.

Meredith Haaf, geboren 1983 in München, studierte Geschichte und Philosophie. Sie arbeitet als freie Journalistin für diverse Zeitungen und Zeitschriften, darunter NEON, SZ Magazin und EMMA. 2008 veröffentlichte sie gemeinsam mit Susanne Klingner und Barbara Streibl das viel beachtete Buch »Wir Alphamädchen«. Sie ist Mitautorin des preisgekrönten Blogs maedchenmannschaft.net. Meredith Haaf lebt mit ihrer Familie in Berlin.

Meredith Haaf

heult doch

Über eine Generation und ihre Luxusprobleme

Piper München Zürich

Mehr über unsere Autoren und Bücher:
www.piper.de

Originalausgabe
1. Auflage Oktober 2011
3. Auflage März 2012
© 2011 Piper Verlag GmbH, München
Umschlagkonzeption: semper smile, München
Umschlaggestaltung: Bauer + Möhring, Berlin
Umschlagabbildung: iStockphoto
Satz: Kösel, Krugzell
Gesetzt aus der Whitman
Papier: Munken Print von Arctic Paper Munkedals AB, Schweden
Druck und Bindung: CPI – Clausen & Bosse, Leck
Printed in Germany   ISBN 978-3-492-25951-4

»The years from 1989 to 2009 were consumed by
locusts.« *Tony Judt*

»Weder zur Furcht noch zur Hoffnung besteht Grund,
sondern nur dazu, nach neuen Waffen zu suchen.«
Gilles Deleuze

»Instead of utopian moment, we live in a time which is
experienced as the end – more exactly, just past the
end – of every ideal.« *Susan Sontag*

»Immer dieses Rumgenörgel, das nicht dazu beiträgt,
dass es geiler wird.« *Dendemann*

Inhalt

Alles, was ich will, ist, nichts mit euch zu tun haben
Die Generation als Begriff und Problem
und warum wir nicht »wir« sein wollen — **9**

Quatsch dich leer
Twitter-Gewitter, das Kommentarzeitalter
und warum wir vor lauter Information nicht
mehr wissen, was interessant ist — **35**

Gib mir 'n kleines bisschen Sicherheit
Postoptimistische Zeiten, die Abschaffung
der Utopien und was Ängstlichkeit mit der
Generation Praktikum zu tun hat — **67**

Inscene yourself
Karriere, Leistung und warum
Pragmatismus nicht ausreicht — **99**

Piep, piep, piep, wir haben uns alle lieb
Konfliktunfähigkeit, Scheidungskinder und
warum wir so selten wütend werden — **133**

Kann dieses Brezel mehr Fans als Tokyo Hotel haben?
Das Primat des Privaten, unsere Unlust an der Öffentlichkeit und warum wir nicht wissen, wie Politik überhaupt geht 165

Es gibt keine Alternative
Verantwortung, Generationengerechtigkeit und warum wir einfach nur erwachsen sein müssen 195

Epilog
Über Luxusprobleme und warum sie zum Heulen sein können 227

Literatur 235

Danke an ... 238

Alles, was ich will, ist, nichts mit euch zu tun haben*

Die Generation als Begriff und Problem und warum wir nicht »wir« sein wollen

*Tocotronic

Es geht mir schlecht. Ich liege in Embryonalstellung auf dem löchrigen geblümten Sofa, das meine Mitbewohner vor der Tür unseres Hauses in einem Sozialwohnviertel von London gefunden haben. Durch das Fenster zieht es, ich bin alleine mit einem Kater, von dem ich jetzt schwören würde, dass er der Letzte meines Lebens sein wird. Meine Ohren rauschen, die Augen brennen, und aus meiner Kehle kommt nur ein krächzender Husten, er schmeckt nach Aschenbecher. In der Nacht zuvor habe ich meinen letzten Praktikumstag in der Redaktion einer großen Wirtschaftszeitung gefeiert. Das habe ich mit einem Einsatz getan, der sich zur Bedeutung des Praktikums in etwa so verhält wie das Bundesverdienstkreuz zum dritten Platz bei der Fußballweltmeisterschaft: Kann man so machen, muss man aber nicht. In diesen Tagen ist nicht nur mein Praktikum zu Ende gegangen, sondern auch ein Gipfeltreffen der 20 wichtigsten Industrie- und Entwicklungsstaaten. Aus Protest gegen die internationale Finanzpolitik haben Tausende Demonstranten nur einen fünfminütigen Spaziergang von der Redaktion entfernt tagelang die City of London belagert, jenen berühmten Bankendistrikt, Schoß der europäischen Finanzkrise zum Ende des Jahrzehnts. Wochenlang herrschte bereits Notstandsstimmung bei der Polizei, den Medien und auch in meinem zentral gelegenen Redaktionsgebäude, wo in der gesamten Woche des G20-Gipfels die Gebäudeausweise auf Sicht getragen werden mussten.

Was ist eigentlich schiefgegangen?

Der Gipfel, der eigentlich erste Mechanismen zur Regulierung des Finanzmarkts sowie weitere Schritte zur Umsetzung des Kyoto-Protokolls einleiten sollte, verlief ohne besondere Ergebnisse, wie das bei wichtigen Gipfeln immer öfter der Fall zu sein scheint. Die Demonstranten haben die eiserne Pforte der Bank of Scotland durchbrochen, die Polizei hat mehrere Menschen mit ihren Wasserwerfern und Schlagstöcken ins Krankenhaus gebracht, und am zweiten Tag ist der Zeitungsverkäufer Ian Tomlinson auf seinem Heimweg in eine Polizeisperre geraten: Nachdem er von Polizisten herumgeschubst und mit Schlagstöcken in die Menge getrieben worden war, brach er auf dem Bordstein tot zusammen.

Verantwortung will dafür niemand übernehmen. Seit Tagen sind die Zeitungen voll mit Horrorberichten über Gewalt gegen Zivilisten, mit Bildern von blutüberströmten Frauen und Männern. Eine Gewalt wohlgemerkt, die nicht irgendwo unter einem fernen Regime verübt wurde, sondern in der Stadt, in der ich lebe.

Dabei war ich nicht. In meinen Mittagspausen habe ich zwar am Polizeikordon vor der Bank of England vorbeigeschaut, doch die bewachenden Polizisten ließen mich nicht zu den Demonstranten durch. Begründung: »Wenn Sie demonstrieren wollen, müssen Sie schon früher kommen. Jetzt ist hier zu.« Die restlichen Arbeitsstunden des Tages saß ich meine Zeit an einem deprimierenden Arbeitsplatz neben dem Bürodrucker ab, googelte Statistiken für das Magazin, las mich durch die britische Presse und schrieb Nachrichten an meine Freunde zu Hause. Genau wie schon in den vier vorangegangenen Wochen.

Jetzt sitze ich mit einer Zeitung voller Horrormeldungen auf dem Sofa und hoffe, dass mein Mitbewohner Stephen aufstehen und mir einen Tee kochen wird. Und während ich da so sitze und auf das Unwahrscheinliche hoffe, anstatt mir einfach selbst einen Tee zu brühen, frage ich mich, was in einem Leben eigentlich schiefgegangen sein muss, dass eine Person wie ich, mit politischem Bewusstsein und vorhandenem Gerechtigkeitssinn, ein zweimonatiges, an sich überflüssiges Praktikum mit einem gesundheitsschädigenden Exzess würdigt, während sie dem internationalen Protest für die richtige Sache vor ihrer Haustür mit völliger Teilnahmslosigkeit begegnet. Alle Vorbilder, die ich habe, tot und lebendig, hätten sich ganz anders verhalten. Ich schäme mich sehr, was sicher auch mit dem Restalkohol in meinem Blutkreislauf zusammenhängt.

Doch wie man sich manchmal behilft, wenn man sich sehr schämt, fallen mir bald alle anderen in meinem Umfeld ein, und ich frage mich auch, warum fast niemand, den ich kenne, sich großartig anders verhalten hätte – oder mir gar wegen meiner politischen Passivität Vorwürfe machen würde. Die politischsten Menschen, mit denen ich zu tun habe, sind meine Eltern. Die werden froh sein, dass ich mich nicht in Gefahr gebracht habe. Meine Bekannten in London sind an diesem Wochenende alle damit beschäftigt, weiter zu trinken oder ihren Rausch auszuschlafen. Für meine Freunde in Deutschland sind der Gipfel und die Proteste etwas, das man in der »Tagesschau« mitbekommt – oder auch nicht.

Wie wir wurden, was wir sind

Auch wenn dieses Buch das Wort »Generation« im Untertitel trägt und mit der Beschreibung eines Katersonntags beginnt: Dies ist kein Buch über durchfeierte Nächte und verkaterte Nachmittage in angesagten Großstädten, Schals von American Apparel, das orangefarbene Logo von easyJet oder Sonnenaufgänge im Berghain, über Lifestyle und Beziehungsprobleme. Es ist ein Buch über das Leben in Zeiten von gesellschaftlichem Leistungsdruck, politischer Entfremdung und postoptimistischen Perspektiven. Ein Buch über diejenigen, die irgendwann in den Achtzigerjahren zur Welt kamen und den real existierenden Sozialismus entweder aus Erzählungen ihrer Eltern oder aus schlampig gestalteten Geschichtsstunden kennen, die ihre Jugend zwischen Mauerfall, New-Media-Blase und 11. September 2001 verbrachten. Über eine Generation, die Anfang des neuen Jahrtausends die Volljährigkeit erreichte, für die es seit zehn Jahren eigentlich gerade erst losgehen sollte.

Meine Generation hat alles gehabt und sehr viel weniger zu erwarten. Sie ist mit mehr Wohlstand, Informations- und Mobilitätsangeboten aufgewachsen als alle Generationen vor ihr, sie ist eine Generation mit einer goldenen Jugend, deren unmittelbare und langfristige Zukunftsperspektiven aber alles andere als glänzend sind:

- weil sich der Klimawandel, von dem wir wissen, seitdem wir Kinder sind, immer häufiger in echten Wetterkatastrophen manifestiert.
- weil wir mit der Kernschmelze von Fukushima unsere erste eigene Reaktorkatastrophe miterleben, die uns zeigt, auf welch existenziell prekären Verhältnissen unser Alltag basiert.
- weil jede Wirtschaftskrise wieder beweist, dass wir zu Recht nicht an stabile Verhältnisse glauben.
- weil die Wohlstandskluft sich immer weiter öffnet und die Partizipation am politischen Geschehen nicht nur unattraktiv, sondern auch sinnlos erscheint.
- weil das Vertrauen in die Demokratie allen Umfragen nach immer weiter sinkt, uns dazu aber nichts anderes einfällt, als uns noch stärker zurückzuziehen.

Meine Generation ist in ihrer Grundhaltung gegenüber den großen Themen des Lebens hilflos, überfordert, in Anspruchsdenken gefangen. Und resigniert in einem Maße, das sich durch keine Erfahrung rechtfertigt, die ein durchschnittliches Bürgerkind in Deutschland in den letzten 30 Jahren machen konnte. Dabei ist es ganz egal, ob das Thema »Wie stehe ich zur sozialen Gerechtigkeit?« oder »Wann soll ich ein Kind bekommen?« lautet. In politischer Hinsicht kennt meine Generation keine Utopie, sehnt sich aber auch nicht wirklich nach einer.

Kein Wunder: Wir waren Kinder, als das Ende der Geschichte postuliert wurde und damit letztlich auch das Ende der Zukunftsvisionen. Wir waren Jugendliche, als in den Neunzigerjahren die »Anything goes«-Weltanschauung ihren Marsch durch sämtliche gesellschaftliche Bereiche antrat, und wir waren das frische Wahlvolk, das der modernen, jungen Schröder-Fischer-Regierung dabei zusah, wie sie innerhalb kürzester Zeit ihre eigenen Parteien und vieles, was man mit diesen verbunden hatte, demontierte. Also waren wir politikverdrossen, bevor wir es überhaupt selbst mal mit politischem Aktivismus versucht hatten. Wir wollten auf jeden Fall Karriere machen, bevor wir wussten, womit. Wir waren ausgebrannt, bevor wir überhaupt angefangen hatten, richtig zu arbeiten. Es gibt Gründe, warum wir wurden, was wir sind, und die haben nichts mit irgendeiner kollektiven Charakterschwäche einiger Jahrgänge zu tun, wie das manche ältere Menschen behaupten. Von diesen Gründen handelt dieses Buch.

An der irritierenden Mischung aus überspanntem Ehrgeiz, inhaltlicher Entfremdung und emotionaler Egalattitüde, die meine Generation an den Tag legt, wenn es um Karriere, Politik und Gesellschaft geht, hat sich auch im Jahr 2011 nichts verändert. Obwohl auch in Deutschland die Jugendarmut und Jugendarbeitslosigkeit stetig wachsen, die Bildung scheinbar unaufhaltsam privatisiert und ökonomisiert wird und Staatsschulden gemacht werden, um den Bankensektor zu retten, die aber durch Einkürzungen im Sozialbereich getilgt werden müssen – ein »Aufstand der Jungen« findet nicht statt. In Stuttgart sangen wütende Steuerzahler monatelang: »Wir sind das Volk, wir sind das Geld.« Mit dem Satz »Wir sind das Geld« können sich wohl nicht allzu viele Mitglieder meiner Generation identifizieren. Trotzdem solidarisiert sich weder das Akademikerprekariat noch die Studentenschaft mit denen, die wirklich kein Geld haben. Denn zu ihnen gehören will keiner von uns.

Der Protest ist in Deutschland, anders als in Frankreich, England, Spanien oder Griechenland, vor allem die Sache der Älteren gewesen. Und es ging insbesondere um bürgerliche Themen: Flughafenlärm, überteuerte Bauprojekte und den Wunsch wohlhabender Eltern, dass ihre Kinder nicht mit weniger privilegierten Kindern zur Schule gehen müssen. Die bürgerliche Wut speiste sich daraus, dass eine größere Menge wohlsituierter Menschen auf einmal merkte, dass in der Politik nicht das geschah, was sie wollte.

Dass Protest, von einzelnen Akteuren abgesehen, in Deutschland kein Jugendphänomen ist, hat drei Gründe: Die Mehrheit meiner Generation lässt sich schön viel Zeit mit der Frage danach, was sie eigentlich will. Sie glaubt nicht daran, dass das, was sie will, mit Politik irgendetwas zu tun hat. Und selbst wenn sie daran glaubte, würde sie deswegen nicht gleich wütend werden.

Die Macht von Markt, Kommunikation und Selbstoptimierung

Wut ist nicht unser Ding. Das liegt auch daran, dass so viele von uns glauben, dass jeder schon das bekommt, was ihm zusteht. Man nennt die nach 1980 Geborenen nicht umsonst – zumindest seit der Shell-Jugendstudie 2006 – »pragmatisch«: Sie haben gelernt, dass wertvolles Denken immer konstruktiv, zielorientiert, produktiv sein muss, also das Gegenteil von Wut. Was für Katholiken die Heilige Dreifaltigkeit ist, das ist für Mitglieder meiner Generation die Macht von Markt, Kommunikation und Selbstoptimierung. Das Dogma, dass es keine Alternative gibt – nicht zur freien Marktwirtschaft, nicht zum politischen System, nicht zu einem gesellschaftlich anerkannten und finanziell abgesicherten Lebenslauf –, hat die große Mehrheit meiner Generation so sehr verinnerlicht, dass sie es nicht einmal umwerfen könnte, wenn sie wollte.

Wir glauben daran, dass Wettbewerb gut und Kommunikation heilig ist und dass man immer an sich arbeiten kann. »Macht kaputt, was euch kaputt macht«? – Lieber versuchen wir, uns selbst zu reparieren. In meiner Generation herrscht die Überzeugung vor, dass Privilegien dafür da sind, um genutzt zu werden – und nicht dafür, um gerecht verteilt zu werden. Dies kann sich durchaus in altruistischen Freizeitaktivitäten (Freiwilliges Soziales Jahr, Engagement bei einer NGO) äußern – wenn man es sich leisten kann und es denn auch dem

Lebenslauf und dem »Erfahrungensammeln« dient. In einer großen politischen Umfrage des Magazins *Neon* wurde unter anderem die Frage gestellt: »Was würdest du für eine bessere Gesellschaft tun?« Die Mehrheit antwortete, sie würde bestimmte Firmen oder Waren boykottieren. Die zweithäufigste Antwort war: ein Ehrenamt übernehmen. »Mich in einer Partei engagieren« hingegen schnitt von den sechs möglichen Optionen am schlechtesten ab.

Wenn das Engagement in einer Partei das Letzte ist, was sie tun würden, und der politisch korrekte Einkauf das Erste ist, was ihnen einfällt, kann man zweierlei folgern: Erstens identifiziert sich ein großer Teil meiner Generation nicht sehr stark mit dem System Demokratie. Zweitens identifiziert er sich relativ stark mit dem System Kapitalismus. Meine Generation konsumiert nicht nur gern, sie hält ihren Konsum auch für das Wichtigste, was sie tun kann.

Und dann ist da noch die Kommunikation – für uns ein Wert an sich. Denn wer unter 30 ist, quatscht in der Regel gerne viel in alle möglichen digitalen und mobilen Formate und Geräte. Was der Golf für die Geburtenjahrgänge der Siebziger war, könnte für die Jahrgänge der Achtziger das Smartphone sein. Wer aber dem Rauschen dieser Generation lauscht, muss feststellen, dass es dabei selten um Öffentlichkeit, Gesellschaft oder Politik geht und meistens um Beruf, Freunde, Familie. Uns bedeutet unser Privatleben mehr als alles andere: Laut dem Studierendensurvey der AG Hochschulforschung Konstanz waren im Jahr 1983 die Bereiche Politik und Familie für die Befragten gleich wichtig. Im Jahr 2007 bewertete nicht einmal ein Drittel der Befragten die Politik als sehr wichtig, 72 Prozent legten am meisten Wert auf ihre Herkunftsfamilie. Freundschaft ist laut der Shell-Studie 2006 neben der Familie der wichtigste Wert meiner Generation, die Erhaltung ihres Lebensstandards eines der wichtigsten Lebensziele. Sie mag es eben warm und gemütlich, es soll aber auch möglichst immer etwas los sein.

Vielleicht rührt daher das etwas seltsame Phänomen, dass die Um-die-Dreißigjährigen süchtig sind nach Nachrichten – in Form von Statuszeilen, E-Mails und Meldungen auf *Spiegel Online* oder *Transfermarkt.de* – und zugleich völlig versessen auf Vergangenheit. Nostalgisches Design in Mode und Innenausstattung steht hoch im Kurs. Intimität und geistige Nähe stellen wir nicht in erster Linie darüber her, dass wir von Überzeugungen sprechen oder persönliche Geständnisse über Glaube, Liebe, Hoffnung austauschen. Die meisten solcher Gespräche beginnen mit Erzählungen aus der Kindheit: »Als ich klein war, habe ich immer ...« Meine Generation ist nicht der erste Schwung junger Menschen, die weniger *in anger* als voller Sehnsucht zurück auf ihre Jugendjahre blicken. Was Florian Illies in seinem Buch von 1999 schon für die heute Vierzigjährigen beschrieb, diese permanente Selbstvergewisserung in der Erinnerung an die Rituale und Gegenstände aus der Zeit, als es »mir gut ging«, hat bei denjenigen, die in den frühen Achtzigern geboren wurden, neue Höhen erreicht. Schon mit Anfang 20 haben viele von uns angefangen, unsere Kindheit und Jugend zu verklären. Wer vom Land kommt, schwärmt von Schoberfesten, meine bayerischen Freunde fahren im Frühjahr zum Maibaumaufstellen und im Sommer zum Johannesfeuer zurück aufs Land. Wer getauft ist, schwärmt von den Konfirmandenpartys und den Firmungsgeschenken.

Mit Mitte 20 erinnern wir uns schon wieder an unsere erste große Liebe zurück, wie das eigentlich nur alten, halb senilen Damen zusteht, die den Rest ihres Lebens tragischerweise vergessen haben. Wir sind froh, ohne Internet aufgewachsen zu sein, und können uns gar nicht oft genug über die riesigen Knochen, die sich 1997 als Handys ausgaben, amüsieren. Vorausgesetzt, sie war halbwegs glücklich, reden wir mit Freude über die Gewohnheiten und Vorlieben unserer Kindheit, fetischisieren den Scout-Schulranzen (»Ich hatte das Muster mit den Raumfahrtschiffen, und du?«) und die GoreTex-Schuhe, die uns endlich erlaubten, stundenlang im Schnee zu spielen, ohne dass unsere Füße nass wurden (»Damals war der Winter schon anders als heute«).

Psychologisch gesehen, stehen wir mittendrin im Mahlstrom der technologischen, kommunikativen und sozialen Beschleunigung. Man sagt uns in allen Bildungsstätten und Berufssparten, dass unser Zeitalter keine wichtigeren Erfordernisse kennt als Flexibilität und Anpassungsfähigkeit an die sich ständig wandelnden Umstände. Diese Umstände entziehen sich völlig unserer direkten wie auch indirekten Kontrolle – weder wir noch unsere Eltern, unsere Lehrer, unsere Chefs oder unsere gewählten Abgeordneten vermögen offenbar einen Einfluss darauf auszuüben, was »die internationale Wirtschaft« von jedem Einzelnen verlangt. Alles, was um uns herum passiert, wollen wir mitkriegen, damit wir uns wieder neu daran anpassen können, und diesem Sog setzen wir keine Alternativen entgegen, sondern nur die Kraft der nostalgischen Verklärung.

Das Wirtschaftssystem, in dem wir leben – und auf das nur ein verschwindend geringer Bruchteil von uns freiwillig verzichten würde –, funktioniert nur über permanente Innovation: neue Geräte, neue Geschichten, neue Musik, neue Klamotten. Anders können und wollen wir uns die Welt gar nicht vorstellen. Und doch beklagen wir das Ende der festen und sozialversicherungspflichtigen Arbeitsplätze, sind überfordert von der Kurzlebigkeit der technischen Innovationen, die in immer kürzeren Abschnitten unseren Lebenswandel mitbestimmen. Nur ist vor allem Letzteres nun mal die unangenehme Begleiterscheinung eines Lebens, das wir nicht anders wollen. Solange man einen Knopf daran drücken oder eine App darauf installieren kann, findet meine Generation das Neue grundsätzlich gut. Ansonsten aber begegnet sie dem Neuen und der Veränderung mit einer passiv-aggressiven Verunsicherung, mit der Vierjährige reagieren, wenn man ihnen etwas Unbekanntes zu Essen anbietet. Von daher das »Loch«, in das sich Studienabsolventen theatralisch plumpsen lassen, von daher die Furcht vor echter Verantwortung, von daher die ständige Fragerei danach, ob und wann man denn nun endlich angekommen sei.

Der Generationenbegriff

Wenn ich von »meiner Generation« spreche, dann ist das natürlich etwas gewagt. Schließlich möchte kein Mensch Teil einer dieser so genannten Generationen sein. Auch ich nicht. Totzukriegen ist der Generationenbegriff dennoch nicht. Im Allgemeinen lieben ihn drei Gruppen: Journalisten, die mit ihm ihre Gesellschaftsberichterstattung ordnen oder Bücher schreiben. Politiker, wenn sie beispielsweise über Haushaltsverschuldung oder Sozialpolitik sprechen. Und dann noch diejenigen, die ihr Einkommen oder ihre Position damit bestreiten, sich für die sogenannte Generationengerechtigkeit einzusetzen.

Der Begriff der Generation birgt ein sprachliches und intellektuelles Risiko, er verleitet zur Beliebigkeit. Seine Bedeutung hat sich über die Jahrhunderte stark verändert, heute ist die Generation vor allem ein populäres Schlagwort in den Medien: Generationengerechtigkeit, Generationenkonflikte, Generation »Golf«, »Doof«, »Porno«. Wer über die eigene Generation schreiben will, beschreibt etwas, das gerade noch im Werden und Passieren ist, und muss aufpassen, nicht zusammenzuzwingen, was zunächst nur zufällig nebeneinandersteht. Allein der Gebrauch des Wortes »wir«, mit dem individuelle Erfahrungen zu Allgemeinaussagen verdichtet – oder auch verklumpt – werden, birgt die Gefahr, potenzielle Leserinnen und Leser zu verstören. Einfach weil es so vereinnahmend ist. Trotzdem glaube ich, dass man von Generationen sprechen darf, ja sogar muss, wenn man wissen will, wie und wohin sich unsere Gesellschaft gerade entwickelt.

Für die »Generation« als Kategorie spricht das Tempo, in dem sich die Welt in den letzten Jahrzehnten verändert hat. Je schneller sich unser Umfeld wandelt, desto schneller verändern sich auch die Faktoren, die unsere Sozialisierung und unsere Weltanschauung prägen. An der Technik sieht man das besonders deutlich: Es war noch im Jahr 2001 relativ gewöhnlich, ausschließlich per Festnetz zu telefonieren – heute erscheinen reihenweise Selbsterfahrungsbücher von Menschen, deren Extremleistung darin besteht, einen Monat lang nicht mit ihren Handys ins Internet zu gehen. Als ich 20 war, also 2003, verirrten sich nur totale Hirnis auf ihren Siemens-Handys ins Internet und zahlten dafür pro Minute fünf Euro. Das ist eigentlich noch nicht lange her. Was der Einzelne für die kommunikative Normalität hält, hängt also davon ab, ob er 14 oder 34 war, als das iPhone auf den Markt kam. Es macht schon einen Unterschied, ob man sich mit 16 zum ersten Mal einen E-Mail-Account zulegte (so wie ich im Jahr 1999) oder den ersten MySpace-Account eröffnete (so wie meine jüngere Schwester im Jahr 2005).

Deswegen, aber auch aufgrund des raschen sozialen Wandels der letzten Jahrzehnte macht es Sinn, die westliche Welt in Generationen zu denken: Allein die Erfahrung und Wahrnehmung von Armut hat sich bei jungen Menschen extrem verändert. Armut als Gefahr ist für junge Menschen in Westeuropa in den letzten Jahren deutlich nähergerückt, und die Armut, die wir sehen, hat einen hartnäckigeren Charakter angenommen. In Spanien oder Frankreich ist Jugendarbeitslosigkeit mittlerweile ein Massenproblem, in Großbritannien müssen sich die meisten jungen Menschen verschulden, um studieren zu können. Die Aussichten auf eine Verbesserung der Gesamtlage stehen derzeit schlecht. In Deutschland hängt die veränderte Armutsperspektive mit den Hartz-IV-Gesetzen zusammen, deren Beschluss für viele von uns irgendwie so nebenher stattfand, als wir in Ausbildung waren, Abitur machten oder das Leben nach dem Abitur lernten.

»Die drastische gesellschaftliche Entwicklung liegt bei Hartz IV darin, dass der Staat einen Teil der Bürger heute viel stärker als früher verarmen lässt«, sagt der Soziologe Michael Hartmann. In den Neunziger- und Nullerjahren nahm die Umdeutung sozialer Leistungen des Staates Fahrt auf. Das, worauf Bürgerinnen und Bürger ein Grundrecht hatten, nämlich eine Sicherung durch die Gemeinschaft, wurde zu etwas, wofür man sie auch hart rannehmen durfte. Diese staatspolitische Neuordnung des Gemeinschaftsgedankens schlägt sich deutlich in der Mentalität der Deutschen nieder. So dokumentiert die Langzeitstudie *Deutsche Zustände,* dass im Jahr 2009 knapp 53 Prozent der Befragten für die Wirtschaftskrise diejenigen verantwortlich machten, die »den Sozialstaat« ausnutzen.

Während die Armen immer ärmer und mehr werden, sind gleichzeitig die Reichen heute wesentlich wohlhabender als noch vor zehn Jahren. Einkommen und Herkunft der Eltern nehmen heute wieder einen viel stärkeren Einfluss auf die Chancen eines Menschen, als das in den Siebzigern und Achtzigern der Fall war. Vielleicht deshalb, weil Superreichtum in der Gesellschaft nicht als Problem, sondern als Fetisch behandelt wird. Materialismus ist für meine Generation nichts, was man ablehnt. Dafür definieren wir uns viel zu sehr über Kaufentscheidungen, Marken, Design, Produkte. Gucken zu gerne Sendungen wie »MTV Cribs« oder die Reichenkinder-Serie »Gossip Girl«, schauen uns zu gerne die Bilder in Celebrity-Magazinen von reichen, gut gekleideten Leuten mit Sonnenbrillen und großen Autos an. Grundsätzlich und für alle sind die Aufstiegschancen heute schlechter, die Abstiegsängste größer, als es sich die deutschen Generationen Babyboomer oder Golf als junge Erwachsene auch nur hätten vorstellen können. Der soziale Abbau geht im Namen des Wohlstands weiter – doch von einer Systemkritik sind meine Altersgenossen zum allergrößten Teil weit entfernt. Dafür ist ihre Freude über das erste Gehalt, das Kaufen, das Geldausgeben, die Sorglosigkeit über das Dispo-Überziehen zu groß. Dafür haben sie auch zu viel Angst, ihren Platz im System zu verlieren – so sie ihn denn errungen haben.

Eigentlich verlassen mehr Absolventen als je zuvor die Hochschulen, und die Universitäten in der Europäischen Union wurden im Rahmen des Bologna-Prozesses umstrukturiert mit dem einzigen Grundgedanken, Studenten für den Arbeitsmarkt zu optimieren. Doch für die meisten jungen Akademiker gibt es höchstens befristete Stellen, und je geisteswissenschaftlicher das Studium, desto schlechter bezahlt sind diese. Trotzdem klagt es aus allen Fraktionen, dass nichts die Stabilität in

Deutschland so gefährde wie der zukünftige »drohende Fachkräftemangel« infolge des demografischen Wandels. Es hat sich also nicht nur die Position eines Mittzwanzigers in der Gesellschaft verändert, sondern auch die Perspektive, die er hat.

Der letzte entscheidende Bereich, in dem dramatische Veränderungen stattfinden, ist die Politik. Deren professionelle Abteilung – die Landesregierungen und der Bundestag, das Bundeskabinett und die Parteien – sinkt in der kollektiven Ungnade immer tiefer. Die Krise des Politischen spiegeln sogar die Politiker selbst mit ihrem Unwillen und ihrer Unfähigkeit, etwa Wirtschaftspolitik aktiv zu gestalten. Wenn sogar Peer Steinbrück, der als Finanzminister der Großen Koalition eine maßgebliche und machtvolle Position innehielt, die Handlungsunfähigkeit der Politik als gesetzt beschreibt, ist es kaum ein Wunder, dass sich immer mehr Bürger innerlich von ihr verabschieden. Doch während sich Ältere noch an Zeiten erinnern können, als der Staat eine Machtinstanz war, die man ablehnte, und Jüngere heute in der Bildungs- und Klimapolitik wieder Gründe entdecken, um aktiv zu werden, hat sich meine Generation nie wirklich von den Parteien abgewandt – weil sie ihnen niemals wirklich zugeneigt war. Sie ist groß geworden in zwei Jahrzehnten schleichender Entpolitisierung der Öffentlichkeit, extremer Mitgliederverluste der Volksparteien und zunehmender Privatisierung gesellschaftlicher Aufgaben. Das Jahr 2010 wurde in den Medien einstimmig zum bundesdeutschen Protestjahr erkoren, vielleicht wird es in 20 Jahren ähnlich ikonisch wie heute das Jahr 1968 wirken. Doch wenn man ehrlich ist, wird die allergrößte Mehrheit meiner Altersgenossen sagen müssen: Wir waren nicht dabei. Wir waren auf Facebook. Oder beim Feiern. Oder haben fürs Examen gelernt. Oder ein Praktikum gemacht.

Die Generation als Überbegriff steht unter dem Verdacht der Vereinfachung. Die Vermutung, dass Menschen mit bestimmten sozialen oder demografischen Gemeinsamkeiten so etwas wie geteilte Ziele oder gemeinsame politische Interessen haben könnten, ist uns heute fremd. Das gilt vor allem, aber nicht nur für junge Menschen, egal, ob es um Gruppierungen bestimmter Geschlechter, sozialer Milieus oder ethnischer Hintergründe gilt. Das hat positive und negative Folgen, fest steht aber: Wir tun uns schwer mit dem Kollektiv, und wir mögen keine Ettiketten.

Frauen, die für die Geschlechtergleichberechtigung sind, wollen keine Feministinnen sein, Lohas sind nicht Ökos, eingefleischte Atomkraftgegner verachten diejenigen, die meinen, mit einem überteuerten Gasanschluss vom Ökostromanbieter LichtBlick schon das Ihre getan zu haben. Printjournalisten blicken auf Onliner herab, Architekten hassen Bauingenieure, Zahnärzte gelten nicht als Mediziner, Sozialdemokraten wollen nichts mit Linken zu tun haben. Bei den Geisteswissenschaften ist die gegenseitige Abgrenzung besonders stark ausgeprägt: Philosophiestudenten blicken herab auf die Komparatistikstudenten, Soziologen belächeln das empiriefreie Schwafeln der Philosophen.

Die Abgrenzung voneinander ist dabei eher selten Ergebnis jahrelanger schlechter Erfahrung miteinander, sondern sie setzt schon früh in der Sozialisierung ein. Die sozialen Umfelder werden mit der zunehmenden Spezialisierung immer homogener, sagt der Soziologe Michael Hartmann. Besonders trifft das innerhalb der akademisch qualifizierten Berufsfelder zu: »In den Sechzigern waren Universitäten sehr viel überschaubarer, weil weit weniger Menschen studierten«, meint Professor Hartmann. »Alle, die zur Uni gingen, galten als Akademiker mit dem entsprechenden Status. Wer Jura studierte, hatte auch mit Literaturwissenschaftlern zu tun. Heute trennen sich die Gruppen schon im Grundstudium nach ihren Interessen – und die Zusammensetzung des sozialen Einzugsgebiets prägt entsprechend die Perspektive auf die Gesellschaft.« Wir wollen nicht »Wir« sein – und wenn, dann nur mit Leuten, die genauso sind wie jeder Einzelne von uns. Das gilt für unsere Alltagstätigkeiten genauso wie für unsere politischen Überzeugungen. Das hat Konsequenzen für die Engagementfähigkeiten. Bei mir etwa: Mag sein, dass ich ähnliche Vorstellungen von Asylpolitik habe wie der linke Flügel der SPD. Aber mit deren Parteipolitik und den Leuten, die sie machen, möchte ich dann lieber nicht zu viel zu tun haben. Und auf dieses Gefühl lege ich am Ende mehr Wert als auf die Frage, ob es für die Asylpolitik nicht mehr bringen würde, wenn ich mich engagierte und die Parteipolitik ignorierte.

Festgefahren in der Freiheit

Wichtiger als die Gemeinsamkeit ist meiner Generation die Differenz. Wichtiger als »Solidarität« ist »Individualität«. Wir grenzen uns lieber ab, als uns anzuschließen. Man könnte, wenn man großzügig sein will, sagen: Wir nehmen es eben genau, wir machen uns nicht gemein. Das ist richtig, aber eben auch: Meine Generation ist auf ihre Distinktionsfähigkeit so fixiert, dass Handlungsunfähigkeit dabei herauskommt.

Zwischen 1978 und 1988 kamen in Deutschland knapp neun Millionen Kinder zur Welt. Darf man die alle in einen Topf werfen und »Generation« nennen? Soziologen sagen: Ja, man darf. Sie unterscheiden zwischen Altersgruppen und Generationen, deswegen spricht man nicht von der »Generation der 25-Jährigen«, sondern zum Beispiel von der »Generation Netzwerker«. Maßgeblich prägend für das Verständnis der Generationen sind, zumindest in Deutschland, die Medien. Journalisten denken sich, mithilfe der Soziologie, gerne Prädikate aus, um gesellschaftliche Veränderungen, die in ihrer Wahrnehmung oder sogar tatsächlich stattfinden, besser ordnen zu können. Daran ist prinzipiell nichts verwerflich, auch wenn sich die jeweils so Bezeichneten stets mit großer Geste dagegen verwahren. Es gehört einfach zu dem Spiel »Wir treffen Aussagen über die Welt, in der wir leben« dazu. Die Achtundsechziger etwa waren ja keinesfalls die homogene Cordhosen tragende Radikalinski-Studentenschaft, die in ihren Eltern und Professoren uniform das »Dritte Reich« erblickte. Viele der politisch besonders Aktiven, das hat die neuere Forschung herausgefunden, hatten vielmehr besonders stabile Beziehungen zu ihren Eltern. Und was ist zum Beispiel mit den Jungkonservativen dieser Zeit? Was ist mit der großen Mehrheit derjenigen, die weder im SDS waren noch zu irgendeinem Zeitpunkt ein Mitglied der »Bewegung 2. Juni« versteckten? Kann man einen relativ unbeschwerten Hedonisten wie Rainer Langhans mit einer gewaltbereiten Protestantin wie Gudrun Ensslin vergleichen? Das tut eigentlich niemand mehr. Dennoch sind die »Achtundsechziger« aus unserem Geschichtsverständnis nicht wegzudenken.

Im Alltag tun wir uns mit dem Generationenbegriff allerdings schwer. Sosehr unsere Gesellschaft an genetische Determination oder soziale Prägung glaubt, sind die meisten von uns doch überzeugt, dass jede_r sein kann, was er oder sie will. Dass man sich gleich mit einer Gruppe von Menschen identifizieren soll, die zufälligerweise zur selben Zeit geboren wurden, ist da viel verlangt. Auf den ersten Blick ist meine Generation allein anhand ihrer Tätigkeiten in Hunderte Milieus aufteilbar: Berufstätige und Studienabsolventen, Geisteswissenschaftler und Vollzeitmütter, Ingenieure und Bloggerinnen, Handwerker und ALG-II-Empfängerinnen, Volontärinnen und Lehramtsreferendare, was sollten die miteinander gemeinsam haben?

Doch sosehr wir auf unserer Einzigartigkeit bestehen und unsere Unterschiedlichkeit fetischisieren, wir haben mehr gemeinsam, als wir glauben. Es ist wie bei

Facebook: Jede und jeder nutzt es anders. Die eine aktualisiert alle vier Stunden ihre Statuszeile, der andere sammelt einfach nur Freunde für die Liste, die Dritte benutzt es lediglich, um Kontakt zu halten. Doch darauf kommt es nicht an, worauf es ankommt, ist, dass alle auf der Seite angemeldet sind und das als gemeinsame Erfahrung teilen. Man muss deswegen natürlich nicht gleich die »Generation Facebook« ausrufen. Wie der Journalist Gustav Seibt in der *Süddeutschen Zeitung* notiert hat: »Schicksalhaft ist die Teilhabe an einer Generation in mehrfacher Hinsicht: zunächst durch das Geburtsdatum, an dem kein Mensch rütteln kann; sodann durch den demografischen Kontext, also den Umfang der Alterskohorte, die man sich ebenfalls nicht aussuchen kann. Zusammen mit seiner Alterskohorte muss der Mensch durch die Zeit reisen, und wenn er sich tausendmal sagt: Schon unsere Zahl ist Frevel.« Ich würde dem noch hinzufügen, dass der Blick, den andere auf die Kohorte werfen, zu dieser Schicksalhaftigkeit gehört. Genau wie der Blick, den die Generation selbst auf die Zeit hat – wie sie sich die Welt ihrer eigenen Kinder vorstellen darf, banal gesagt, ihre Zukunftsperspektive. Viel mehr ist da vielleicht nicht, aber sicherlich auch nicht weniger.

Weil ich letztes Jahr meinen Hochschulabschluss machte, habe ich ein paarmal von Kollegen und Bekannten die Hassfrage meiner Generation gehört: »Und, weißt du schon, wie es danach weitergeht?« Ich gehöre zu der mittlerweile fast abgeschafften Art der Magister-Absolventen, deswegen erwarteten die meisten in meinem Umfeld von mir wahrscheinlich die

Antwort: »Weiß nicht, vielleicht promovieren oder noch ein Praktikum.« Wenn ich mich interessant hätte machen wollen, hätte ich vage etwas von einem »Projekt für einen Verlag« murmeln können. Ich hätte damit jedenfalls in deutlich weniger skeptische Gesichter mit hochgezogenen Augenbrauen geguckt, als es der Fall war, wenn ich antwortete: »Ich schreibe ein Generationenbuch.« Aha, wurde mir dann oft entgegnet, und was soll das für eine Generation sein?

Niemand mag es, wenn Dinge über ihn gesagt werden, ohne dass man ihn vorher fragt. Es gibt wenige Bezeichnungen, die sich so absurd anfühlen wie etwa diese hier: »Vertreterin einer Generation von ...« Kein Mensch möchte heute »Teil einer Jugendbewegung« sein, jedenfalls nicht, wenn ihm irgendeine ältere oder überhaupt eine Person vorschreibt, dass er das ist. Wer nicht in einer Partei ist oder ein Klassensprecheramt ausführt, vertritt heute zuerst mal sich selbst. Jeder von uns steht für das, was sie oder er leistet. Wir fühlen uns in erster Linie als Mitglieder von Familien und Freundeskreisen.

Genau das ist aber wieder ein besonderes Merkmal der Menschen, die wie ich in der Ära »Es gibt keine Alternative« ins Erwachsenenalter kamen. Das ist einer von zwei Gedanken, die ausgerechnet Margaret Thatcher ausformulierte, in den Achtzigerjahren tat sie das, und zwar so oft, dass der Soziologe Pierre Bourdieu daraus das TINA-Prinzip *(there is no alternative)* für eine ganze Epoche ableitete. Der andere Thatcher-Gedanke war: »So etwas wie eine Gesellschaft gibt es nicht. Es gibt nur Individuen und Familien.« Das sagte sie im

Jahr 1987 in einem Interview – und sie sagte es weit weg von Bochum, Leipzig oder München. Doch fassen diese beiden Gedanken die Kultur eines ganzen Zeitalters zusammen, die sich auf der ganzen Welt ausbreitete. Diese Kultur hat dann auch den Weg dafür geebnet, dass der sozialdemokratische Bundeskanzler Gerhard Schröder in seiner Regierungserklärung zu den Hartz-IV-Gesetzen von Alternativlosigkeit sprach, dass der Rettungsschirm der Bundesregierung für den Bankensektor von Bundeskanzlerin Angela Merkel für alternativlos erklärt wurde, dass alternative Lebensentwürfe bei jungen Menschen heute kaum Konjunktur haben. Und all das hat dazu geführt, dass meine Generation in ihren politischen und gesellschaftlichen Instinkten völlig unterentwickelt geblieben ist.

Wenn es um Generationen und den Zustand der Welt geht, dann ist auch immer wieder die Rede vom Kampf, von Staatsschulden und demografischem Wandel, von einem Komplott der Alten oder einem Aufstand der Jungen, der jetzt dann mal wirklich zu erwarten sei. Doch nach dem derzeitigen Stand der Dinge muss man sagen, dass von meiner Generation derzeit für niemanden eine Gefahr ausgeht, außer für sie selbst. Denn dafür müsste sie sich als Gruppe, als Gemeinschaft verstehen. Und diejenigen von uns, die keine Politik machen – und das ist die überwältigende Mehrheit –, haben gar kein Interesse an einer Interessengemeinschaft. Sie reden lieber darüber, dass ihre Eltern nach dem Studium oder der Ausbildung sofort einen Job bekamen, beschweren sich darüber, dass überall, wo sie hinmöchten, alte Säcke sitzen, und fragen sich, ob sie nicht doch lieber etwas ganz anderes hätten studieren sollen, ob es ein Fehler war, noch ein Erasmusjahr zu machen statt den Abschluss, und warum die langweilige Stefanie jetzt schon einen Job hat, der fade Christian schon verheiratet ist und sie selbst nicht. Dabei haben sie doch alles richtig gemacht. Hieß es nicht immer, sie könnten alles werden? Meine Generation leidet durchaus an einer Welt, vor der sie Angst hat und die sie kaum versteht. Aber sie leidet halt pragmatisch, und wenn es ihr mal richtig schlecht geht, macht sie was im Internet damit. Meiner Generation reicht es bisher, auf Facebook zu erklären, dass sie »jetzt echt die Schnauze voll« hat. Denn wenn dann vielleicht ein paar Leute auf »Gefällt mir« klicken, ist die Welt gleich wieder in Ordnung.

Quatsch dich leer*

Twitter-Gewitter, das Kommentarzeitalter
und warum wir vor lauter Information nicht
mehr wissen, was interessant ist

*Telekom

Vor ein paar Jahren warb die Telekom für eine Mobil-Flatrate mit dem Slogan »Quatsch dich leer«. Die dazugehörigen Plakate und Fernsehwerbungen zeigten junge Menschen mit Frisuren und Outfits, die dem entsprachen, was sich deutsche Unternehmen unter Angesagtheit vorstellten: verwuschelte Ponyfrisuren und gestreifte Pullover für die Jungs, glänzende Lippen und enge Hüftjeans für die Mädchen. Diese strahlenden jungen Menschen schlenderten durch sonnige Werbespotlandschaften und quasselten dabei ununterbrochen und äußerst Kosten sparend in ihre Mobiltelefone. Satz für Satz entwich dabei langsam, aber sicher das Volumen aus ihren Körpern, sodass am Ende lauter Frauen und Männer mit riesigen Köpfen und plappernden Mündern, platt auf dem Boden liegend, zu sehen waren.

Sie waren leer – doch sie laberten weiter.

Wenn es einen Friedhof der Generationen gäbe, könnte dieser Satz irgendwann gut als Inschrift auf dem Grabstein der Generation Jahrgang 1980 bis Jahrgang 1990 stehen. Denn in nichts zeigt diese so viel Gemeinsamkeit wie in ihrer Leidenschaft für die Kommunikation. Worum es geht, ist dabei erst mal egal. Keine politische Idee, keine Modedroge, kein Gesellschaftsentwurf entfacht bei ihr so viel entschlossene Partizipation wie das große Textprojekt unseres Zeitalters. In Tweets, Facebook-Profilen und Blogposts, am Telefon, per Skype und – auch wenn es mancher Gesellschaftskritiker anders sehen will – von Angesicht zu Angesicht geht es dabei vor allem um ein Ziel: die hingebungsvolle Arbeit an dem Bild, das sich andere von uns machen sollen.

Angeschlossen sein ist damit eine der vielen Grundforderungen, die Menschen meiner Generation ans Leben stellen. Wir fühlen uns von der Telefongesellschaft in die soziale Isolation getrieben, wenn es mit dem Internetanschluss ein bisschen länger dauert. Wir fühlen uns hilflos und abgeschnitten, wenn wir unser Mobiltelefon beim Ausgehen verlieren oder versehentlich und kurzfristig bei Freunden liegen lassen, je nach Stimmungslage »amputiert« oder »befreit«, wenn wir kein Werkzeug zur elektronischen Kommunikation bei uns haben. Und wenn in der Zeitung darüber berichtet wird, dass sich chinesische Fabrikarbeiter dem Produktionsdruck von Apple-Computern nur noch durch Selbstmord zu entziehen wissen oder dass im Kriegsgebiet Kongo der Handy-Rohstoff Coltan unter kriminellen und menschenverachtenden Bedingungen abgebaut wird, dann bekümmert das den jungen Menschen, und er postet den Artikel vielleicht auf Facebook. An unserem Grundanspruch auf Dauerkommunikationsfähigkeit ändert es jedoch nichts.

Bin dann mal weg

Die modernen Kommunikationskanäle sind für viele meiner Generation zu einem Bestandteil ihrer psychischen und physischen Struktur geworden. Wer seine Facebook-Nachrichten und E-Mails nicht in der ihm gewohnten Regelmäßigkeit kontrollieren kann, kennt dieses Gefühl, es gleicht einer anhaltenden Verstopfung: Unruhe, Unausgeglichenheit, die Anspannung des Unerledigten. Um damit zurechtzukommen, verordnen sich manche von uns konsequenterweise eine Diät. Dann fahren sie absichtlich irgendwohin, wo es kein Internet gibt, und schalten ihr Handy aus. Dann schreiben sie in ihre Statusleiste: »... ist dann mal weg«, »URLAUB« oder: »Viva Mexiko!« Sie lassen den Automailer ausrichten: »Ich bin bis zum 14. August nicht erreichbar, werde aber Mails danach beantworten.« Komplette Nichtbeantwortung wäre keine Option. Oder sie wählen den melodramatischeren Weg, wie eine extrem internetaktive Bekannte von mir, eine semiprofessionelle Bloggerin, die nicht nur ihre Webseite täglich mit Inhalten anreichert; sondern auch mehrere Facebook-Seiten unterhält. Eines Sommertages deaktivierte sie abrupt ihr Profil und schrieb an ihre Kollegen: »Hallo, Leute, ich brauche eine Pause und werde einen Monat lang keine Mails mehr lesen und mich bei niemandem melden.« Tatsächlich hörte man auch erst drei Wochen später wieder etwas von ihr, und zwar via Facebook: »Wieder zurück« konnte man auf ihrer Seite nachlesen.

Wir nennen solche Manöver »einfach mal ganz raus« oder »so richtig weg« sein. Es sind Fluchten vor der eigenen Kommuniziersucht, sie »tun uns gut«, geben uns neue Perspektiven und ein ganz anderes Relevanzgefühl. Und ganz klar sorgen sie außerdem für ein gutes Gesprächsthema, wenn wir wieder zurück sind und unseren Freunden und Kollegen Nachrichten schreiben, in denen wir von der neuen inneren Freiheit abseits von Computern und Handys berichten.

Es ist vielleicht, wenn vom »Internet« die Rede ist, wichtig zu sagen: All dieses moderne Zeugs, Glasfaserkabel und Mobiltelefonie, sollen hier nicht als Ursache für das nervige Gequassel herhalten. Wir haben es selbstverständlich mit einer Verquickung von technischer Entwicklung und gesellschaftlichen Idealen zu tun. Natürlich ist das Internet nicht »schuld« daran, dass wir immer mehr über uns preisgeben und der Einzelhandel von der Straße verschwindet, dass Menschen unangemessene Aussagen und unanständige Bilder von sich ins Netz schleudern, dass sie sich mehr Pornografie angucken und immer weniger Druckerzeugnisse lesen. Abgesehen davon, kokettieren zwar viele von uns mit der Sehnsucht nach weniger angeschlossenen Tagen – aber abnabeln wollen wir uns deswegen erstens noch lange nicht, und zweitens kenne ich wirklich niemanden, der ernsthaft behaupten würde, dass die Zeiten besser waren, als man noch Telefonbücher wälzte und sich bürgerliche Haushalte den Großen Brockhaus als Statussymbol ins Regal stellten.

Ich kommuniziere, also bin ich

Die Hyperkommunikativität meiner Generation steht letztlich in direktem Zusammenhang mit ihrer Vorliebe für das Netzwerk als soziales Gebilde – denn dieses kann ja nur durch unablässige Kommunikation und Mitteilsamkeit bestehen. Völlig logisch also, dass genau diese Eigenschaften ganz oben in unserer Werteskala stehen. Im studentischen und kreativen Milieu trifft man sich andauernd zum Kaffee oder Bier trinken – und quatschen. Auf Partys gibt es immer diese Leute mit den Smartphones, denen es nicht reicht, sich mit den anwesenden Gästen zu unterhalten oder Fotos von ihnen zu schießen. Nein, sie müssen auch gleichzeitig dem Rest der Welt per Facebook oder Twitter mitteilen, was gerade auf dem Fest los ist, und am besten noch die Bilder direkt hochladen. Wenn man an den Bundesligawochenenden in den Fußballkneipen die Gruppen junger Menschen beobachtet, wird man feststellen, dass es insbesondere den Männern mit den Multifunktionshandys selten ausreicht, sich permanent gegenseitig zu erzählen, wie das Spiel gerade läuft oder was bei der Innenverteidigung der Heimmannschaft schon wieder schiefläuft – sie müssen es auch per SMS oder Facebook-Thread mit ein paar Leuten besprechen, die zufälligerweise heute nicht mitschauen können. Jung und technisch modern zu sein ist in vielen Fällen ein einziges Blabla in alle Richtungen. Ein keineswegs unangenehmer Zustand, wenn man daran gewöhnt ist. Nur eben auch kein richtig konzentrierter. Wer keinen Facebook-Account oder etwas Ähnliches besitzt, den umweht zumindest in dieser heutigen Zeit ein Hauch von Rebellion und Aussteigertum, ähnlich wie das in den Siebzigerjahren bei den Kommunarden gewesen sein muss. Selbst die am stärksten profilierte Konsumgegnerin meiner Generation, Vollzeitaktivistin Hanna Poddig, Jahrgang 1985, die keinem Beruf nachgeht außer dem Protest gegen diverse Missstände, die ihr Essen meist aus den Abfallcontainern der Supermärkte fischt und nicht einmal eine eigene Wohnung hat, leistet sich ein Mobiltelefon, und ihre Mails liest sie auch regelmäßig.

Aussagen und Austausch sind für meine Generation nicht Mittel zum Zweck, sondern Zweck an sich. Das ist sicherlich nichts Neues: Die Kunst der Rede war Bestandteil des Triviums der sieben freien Künste, die ein gebildeter Mann im alten Rom beherrschen musste, an den absolutistischen Höfen galt gute Konversation als Teilnahmevoraussetzung. Im 18. und 19. Jahrhundert korrespondierte man in den gebildeten Schichten oft täglich, man schrieb Briefe und Gedichte zum Zeitvertreib und traf sich zu Teestunden und Salonrunden. Menschsein ist schon seit langer Zeit mit der Produktion von Textmasse verbunden, kein Grund, deswegen gleich kulturpessimistisch zu werden. Doch die reine Kommunikation ist heute mit mehr Sinn als je zuvor aufgeladen. Das hängt mit der Psychologisierung und Individualisierung aller gesellschaftlichen und zwischenmenschlichen Fragen zusammen, mit dem Glaubenssatz unserer Zeit, der heißt: Man kann über alles reden, in Freundschaften, Ehebetten und im Wahlkampf. Und nicht nur das, man muss über alles reden, denn erst auf diese Weise lassen sich Konflikte vermeiden oder aus dem Weg räumen. Politische Kämpfe drehen sich heute viel öfter um die Art und Weise, wie über Dinge *gesprochen* werden soll, darf oder kann, als um den Gegenstand selbst. Als Beispiel: Ob man den Afghanistan-Einsatz als Krieg bezeichnen müsse oder nicht, darüber wurde in den letzten Jahren viel profunder und kontroverser diskutiert als darüber, ob es eine echte Notwendigkeit für deutsche Truppen dort gebe. »Klartext« zu reden, »die Dinge beim Namen« zu nennen, sprachliche Genauigkeit und scheinbare Offenherzigkeit sind die großen Forderungen der Öffentlichkeit. Dass mit der scheinbaren Benennung der Realitäten natürlich auch wiederum Realitäten geschaffen werden – dass das Bezeichnen des Krieges den Krieg und damit eigentlich einen neuen Diskussionsgegenstand schafft –, schien die breite Öffentlichkeit nicht zu interessieren. Was zählt, immer wieder, sind die sogenannten klaren Worte. Dass überhaupt etwas gesagt wird. Und so werden real existierende Zustände und Situationen in gewisser Weise »leer gequatscht«, aus dem Bewusstsein weggeredet.

Die gesellschaftliche Aufwertung von Kommunikativität hängt auch mit der technischen Entwicklung zusammen: Seit ihrer Jugend erfährt meine Generation, dass die sogenannte IT-Branche und die Kommunikationstechnologien in Zukunft nicht nur die Wirtschaft, sondern unseren Alltag ganz neu strukturieren werden und dass der Dienstleistungssektor – und damit eben Service, Vermittlung, Kommunikation – den Großteil unserer Arbeitsplätze stellen wird. Umso bereitwilliger setzen wir uns mit jeder Neuerung auseinander. Wie gesagt: Solange man mit dem Finger auf einem Touchscreen spielen oder einen Knopf drücken kann, solange man sich damit anschließen und in die Welt hinaus reden kann, so lange liebt meine Generation das Neue mit Inbrunst.

Kulturell begann der Siegeszug der Redseligkeit wohl in den Neunzigerjahren, als ein neues Fernsehformat enorme Beliebtheit erlangte: die Nachmittags-Talkshow, die Mutter des Reality-Fernsehens. Topthema auf dem Schulweg wurden die Geständnisse, die irgendwelche Menschen am vergangenen Nachmittag bei Arabella Kiesbauer gemacht hatten, Schwerpunkt der Pausenhofdebatten, ob Talkmaster (allein das Wort!) Andreas Türck süß und lustig gewesen sei oder einfach nur blöde. In Deutschland waren das auch die großen Jahre der VIVA- und MTV-Moderatoren, der gut angezogenen Quasselbacken wie Heike Makatsch, Mola Adebisi und natürlich Stefan Raab, die in Sprech- und Stilverhalten unsere größten Vorbilder in Sachen Selbstrepräsentation wurden. Kein Wunder, dass meine Generation Redseligkeit für eine Tugend hält. Unsere Zeit verehrt Entertainertypen und Menschen, die gut reden können: Das sieht man an dem hohen Status, den Männer wie der kommunikative Fußballtrainer Jürgen Klopp oder auch der Sentenzengenerator und Altbundeskanzler Helmut Schmidt haben.

Die digitale Selbstmitteilung

Wichtiger als das gute Leben ist das, was sich darüber sagen lässt, das gute Reden sozusagen. Es gibt keine Generation, die so geschult darin ist, Aussagen über sich selbst zu treffen, wie meine. Jedes soziale Netzwerk lässt seine Nutzer einen Fragebogen über sich selbst ausfüllen, wenn sie ihr Profil anlegen: Hobbys, Interessen, Lieblingsmusik, Lieblingsfilme und Lieblingszitate bei Facebook. Das Profil bei Neon.de erfordert da weniger das lexikalische Auflisten des eigenen Geschmacks als den Geistreichtum im Ausdruck: »Ich bin ...«, »Ich bin nicht ...«, »Ich mag ...«, »Ich mag nicht ...«, »Früher dachte ich ...«, »Heute weiß ich ...«. Egal, ob Xing, Twitter, StudiVZ oder jetzt.de – immer gilt es Fragebögen über Geschmack, Wissen und Sprachwitz zu ergänzen. Es ist, als hätten wir nie aufgehört, diese Freundschaftsbücher auszufüllen, die man früher unter den Schulkameraden weitergab, wo jeder seine zwei Seiten mehr oder weniger originell und liebevoll zu gestalten hatte. Offenbar hat die Sehnsucht danach aber nicht abgenommen. So garniert die eine bloggende Mittzwanzigerin namens »Happy Schnitzel« ihre Fotografien mit dem HTML-gewordenen Seufzer: »Wir schreiben schon seit langer Zeit nicht mehr in Poesiealben, wir werden nicht mehr gefragt, was unsere Lieblingsfarbe ist, dabei fehlte uns damals nur noch dieses eine Wort, von diffamierendem Postkartenkitsch und Kuschelrockromantik freigesprochen: sonnenuntergangsfarben.«

Auch wenn die eigene Lieblingsfarbe eigentlich niemanden mehr interessiert – meine Generation nimmt sich immer noch gern die Zeit, die freien Felder auszufüllen. Daran, wie wurstig, banal oder anspielungsreich eine_r das tut, ob sie oder er mit zu vielen Details aufwartet, zu viele Hobbys und Sinnsprüche aufschreibt oder dem Betrachter des Profils nur sexy Einzelheiten, die von Sprachsinn und Ironie zeugen, zugesteht, messen wir unsere Mitmenschen. Es ist eine eigene Kunst, dieses Fragebogenausfüllen. Ein nicht minder wichtiges Element der Selbstmitteilung ist dann natürlich auch die ideale Bebilderung der digitalen Präsenz. Das zeigt sich an der obsessiven Gewohnheit junger, gut gekleideter Frauen, permanent Fotos von ihren Nachmittagspicknicks oder Themenpartys ins Netz zu laden, mit einem Photoshop-Effekt nachbearbeitet, damit die Bilder nach verblichenen Polaroids aussehen. Jung, stylebewusst und technisch affin zu sein ist nicht nur ein einziges Blabla, es ist auch die gewissenhafte Gestaltung der eigenen Außenwirkung in toll arrangierten Pixeln und Blogeinträgen. Gerade das Hübsche und das Harmlose, das tolle alte Teeservice, das man auf dem Speicher gefunden hat, oder das tolle neue Hobby, Fahrradausflüge mit den Freunden, eignen sich dafür besonders. Partys und attraktives Essen, Strandbilder und leere Alkoholflaschen vermitteln dem Betrachter des digitalen Körpers: So dekadent/genussfreudig/feierbombig/abgefuckt lebe ich.

Dabei kommt es oft zu einer Art digital-analogen Bipolarität, zu einer Spaltung der Person in on- und offline. Das mittelalterliche Recht kannte zwei Körper des Königs, wie Emil Kantorowicz das beschrieben hat: einen physischen und einen juristischen Körper. Der juristische Körper des Königs war unsterblich. Die technische Moderne kennt dann die zwei Körper des Nutzers: den physischen und den digitalen Körper. Der physische Körper besteht aus Zellen, Mikroben, Wasser. Der digitale Körper besteht aus Nachrichten, Profilen, Bildern. Der Nutzer formt und verbessert den einen wie den anderen, er bewegt sich durch Straßen wie durch Netzwerke. Aber der digitale Körper nimmt auch oft andere Verhaltensmuster an, als sie sein physisches Pendant hat: Die größte Facebook-Nervensäge kriegt im persönlichen Gespräch kaum den Mund auf. Der Dauerclown, der auf jeder Party im Mittelpunkt steht, findet es wiederum absolut peinlich, Statuszeilen zu schreiben.

Der Banalitäten-Tsunami

Die Lust daran, sich mitzuteilen, ist bei vielen so entfesselt, dass ihnen die Unterscheidung zwischen interessanten und völlig überflüssigen Mitteilungen offenbar schwerfällt. Die eine ist »müde ...«, die andere twittert über »riesige Schokosahnetorten im Büro«, der Dritte »kratzt sich am Kopf«. Das sind Informationen, die man im Normalfall nicht einmal mit dem eigenen Lebensgefährten teilen würde, aber bei einer Kollegin kann man an einem durchschnittlichen Sonntag etwa fünfmal nachlesen, was sie jetzt gerade macht: Vormittags frühstückt sie »frische Brötchen! *yummy*«. Zwei Stunden später ärgert sie sich, denn sie »hat mal wieder Sonntagsdienst«. Am Nachmittag ist sie total froh, »endlich Feierabend!« zu haben. Und abends gibt sie noch ihre Meinung zum aktuellen »Tatort« kund, nicht ohne zu erwähnen, dass sie gerade auf der Couch sitzt, während sie das per Facebook Mobile macht. Dieselbe Bekannte nahm sich auch während einer dreiwöchigen Südamerikareise noch in den abgelegensten Bergdörfern Zeit und Kilobits, um aktuelle Bilder ihrer Reise hochzuladen.

Während die einen in unregelmäßigen Abständen der Welt demonstrativ gar nichts mehr mitteilen, so wie manche Frauen demonstrativ auf Kohlenhydrate verzichten, halten sich die anderen dauernd im Bewusstsein ihrer Umgebung, mit der befreiten Manie eines Zwangsneurotikers, der beschlossen hat, jetzt auch vor anderen Menschen das Licht fünfmal an- und auszuschalten. Interessanterweise bleibt übrigens der Banalitäten-Tsunami, den die besonders Redseligen unter uns Tag für Tag über ihren virtuellen Freundeskreis niederkommen lassen, selten unkommentiert. Im Internet hört einem immer jemand zu, irgendwem »gefällt das« immer, und selbst wenn nicht, ist ja auch genug Platz da, um irgendetwas anderes zu sagen. Und tatsächlich scheint es so, zumindest nach einer Studie mit dem Titel »Schadet Internetnutzung dem Sozialkapital?«, herausgegeben vom Institut für Wirtschaftsforschung (ifo), als wären diejenigen von uns, die sich online miteinander austauschen, in der Regel insgesamt weniger einsam als diejenigen, die sich auf analoge Kommunikation beschränken. Sie haben mehr lose Kontakte und partizipieren mehr an der Außenwelt, als es diejenigen tun, die gar nicht nachschauen können, was in der Außenwelt los ist, weil sie eben nicht online sind. Die Ergebnisse der Studie waren übrigens als Posting-Material auf Twitter und Facebook im Herbst 2010 extrem populär.

Es ist vielleicht kein Zufall, dass das Kommunikationssystem der sozialen Netzwerke und Nachrichtendienste gewisse Ähnlichkeiten mit der Großfamilie aufweist: Die Kinder werden aufgefordert, doch zu erzählen, was sie heute gemacht haben, und rattern dann ihren Tagesablauf runter: »Und dann hab ich gefrühstückt, und dann war ich beim Handball, und dann hab ich Hausaufgaben gemacht ...«, die alte Tante erzählt stundenlang und eher ungebeten von den Details ihrer Fußkrankheit, der Teenager macht schlecht gelaunte Kommentare, die keiner versteht. Und auf all das wird immer einfühlsam oder zumindest wohlwollend reagiert, weil das Gesetz der Familie es so will, dass man Interesse füreinander aufbringt. Dazu passt, dass alle Umfragen, die in letzter Zeit zu den Prioritäten meiner Generation durchgeführt wurden, zu dem Ergebnis kamen, dass dieser nichts wichtiger ist als die Herkunftsfamilie: Die Shell-Jugendstudie 2006 sagt das genauso wie der Studierendensurvey 2009 der AG Hochschulforschung Konstanz. Wir mögen es vertraut, auch in der Öffentlichkeit. Weil es zu unserer Normalität aber auch gehört, in der Öffentlichkeit Verbindungen zu pflegen, haben wir uns dafür eine Art angewöhnt, die man eher im geschlossenen Raum der Verwandtschaft pflegt als mit Freunden, Bekannten oder gar Arbeitskollegen. Aber an der Auflösung gerade dieser Grenzen arbeitet meine Generation besonders beharrlich.

Sprechen ist Handeln, das weiß mittlerweile sogar, wer nie ein linguistisches Seminar besucht hat. Was bedeutet es aber, wenn sich ein so großer Bereich unseres Handelns auf das Aussprechen von Banalitäten beschränkt? Selbst ein geistreicher Kommentar, der irgendwo dahingesagt wird, ist nicht mehr als genau das: ein geistreicher Kommentar. Meine Generation mag vielleicht in ihrem Wesen nicht geschwätziger sein, als es die Generationen vor ihr waren. Doch das Recht und die Möglichkeit, dieser Geschwätzigkeit, dem Hang, alles in einen Kommentar zu verpacken, freien Lauf zu lassen, sind ihr heilig. Kommunikation ist, was Religion für Marx war und Konsum für Adorno: Sie begrenzt den Handlungsspielraum des Individuums. Das Kommunikationsideal unserer Zeit führt dazu, dass wir uns damit abfinden, nur noch als Sprachakteure aufzutreten, wenn wir nicht gerade arbeiten oder einkaufen. Gerade dass wir mit unseren Äußerungen so verschwenderisch umgehen, zeigt, wie nahtlos sich die Kommunikation in die Ökonomisierung unseres gesellschaftlichen Verhaltens einfügt: Nichts zählt für einen Akteur in der digitalen Sphäre so viel wie ein Re-Tweet, ein Kommentar oder die ultimative Reduktion des Wohlwollens, der »Das gefällt mir«-Daumen unter dem eigenen Beitrag. Kein politisches BarCamp ohne »Twitter-Gewitter«, kein Bloggertreffen ohne Livestream und Twitter-Feed – und das, obwohl in der Regel bei solchen Veranstaltungen ohnehin alle da sind, die sich dafür interessieren. Wegen der zwingenden Logik des digitalen Sagenmüssens posten wir Links, von denen wir glauben, dass sie vielen Mitlesern gefallen könnten, vertwittern jeden Geistesblitz in 140 Zeichen, und manche lassen ihrer Wut in den Kommentarfeldern, die jedes Online-Medium seinen Nutzern zur Verfügung stellt, freien Lauf. Es gibt eine Sucht danach, überall Kommentare zum Fenster rauszuwerfen, etwas zu sagen, zu dem andere etwas zu sagen haben. Und wenn man Glück hat, wird vielleicht sogar ein Buch daraus, wie im Jahr 2010 der Titel *Twitter – Das Leben in 140 Zeichen*.

 Kleine Plaudertaschen als Erziehungsideal

Überhaupt ist meine Generation geradezu prädestiniert für die Geschwätzigkeit, und der Grund dafür liegt nicht nur in ihrer medialen Sozialisation. Sondern daran, dass wir schon im Kindergarten lernten, dass Mitteilsamkeit belohnt wird. Das bildungsbürgerliche Erziehungsideal der Achtzigerjahre war ja bestens dazu geeignet, lauter kleine Plaudertaschen zu produzieren. Damals wuchs die erste Kohorte von Kindern auf, deren Meinung an der breiten Masse der Abendbrottische gefragt war. Den Satz »Du sagst etwas, wenn du gefragt wirst« haben – netterweise – nur wenige von uns jemals von den eigenen Eltern gehört. Unsere Ausdrucksfähigkeit wurde gefördert und gefordert, denn das Erziehungsideal hieß:

Selbstentfaltung. Wir haben in dieser Hinsicht Glück gehabt gegenüber den Kindern, die in den letzten Jahren zur Welt gekommen sind: In den Achtzigerjahren bekamen Familien zwar auch schon weniger Kinder als früher und hielten die, die sie hatten, für entsprechend kostbar. Kindergeplapper galt nicht mehr als Lärm, sondern als Musik in Erwachsenenohren. Waldorf- und Montessorischulen kamen in Mode. Madonna sang »Express yourself«, und auch wenn sie damit natürlich in erster Linie Erwachsenendinge meinte und auch wenn die individuellen Erziehungsberechtigten gar nicht viel von modernem Mainstream-Pop hielten, so sang doch der Großteil der gehobenen Schichten das Loblied auf die Ausdrucksfreude mit. Kinder waren wichtig, Kinder waren die Zukunft, und eine bessere Zukunft bedeutete mehr Menschen, die reflektiert und kommunikativ ihr Leben gestalteten. Doch die Idee, dass ein Kind teuer ist und auf jede Eventualität vorbereitet sein sollte, damit sich die Investition auf jeden Fall lohnt, und das zugehörige Paradigma der Disziplin im Luxusumfeld, das Eltern aus den mittleren und gehobenen Schichten ihren Kindern heute so oft auferlegen, waren damals noch weit weg. Disziplin, Ordnung und Leistung standen nicht ganz oben auf der erzieherischen Werteskala. Sagen wir mal so: Unsere Eltern schauten hoffnungsvoller auf uns und weniger angstvoll in die Welt, als sie es vielleicht heute tun würden. Ihre Kinder waren für sie die Zukunft, sie mussten sie nicht erst auf Zukunftsfähigkeit trimmen. Diese Erziehungsperspektive hatte natürlich viele verschiedene Folgen. Doch eine ganz eindeutige war die intensive Düngung und Bewässerung des menschlichen Mitteilungsdranges meiner Altersgenossen in jungen Jahren.

Die Eltern meiner Generation hatten oft selbst Eltern, die kaum miteinander sprachen, geschweige denn, dass sie ihren Nachwuchs zu Konversation und Austausch anregten. Das waren eher schweigsame Kriegsheimkehrer, verbitterte Hausfrauen, Menschen, die vielleicht einen härteren Alltag hatten, als sich es viele von uns heute vorstellen können, größere materielle Sorgen, es waren Menschen, die es für eine Tugend hielten, wenig Emotion zu zeigen – oder die vielleicht einfach nicht so viel zu bequatschen hatten. In gehobenen Kreisen gehorchte die Konversation strengen Regeln, ansonsten reichte es locker, sich einmal die Woche auf einen Kaffeeklatsch oder zum Kartenspielen mit den Freunden zu verabreden. Wenn man zum Fernsprecher im nächsten Geschäft laufen muss und für jede Nachricht ein Telegramm oder einen Briefumschlag bezahlen, dann findet man vielleicht nicht mehr alles, was es zu sagen gibt, so unbedingt mitteilungswürdig. Und was die Gespräche mit den Kindern betraf: Zumindest im gesellschaftlichen Durchschnitt herrschte Einigkeit darüber, dass die vor allem brav, fleißig und sauber zu sein hatten. Die wurden schon, dafür mussten die sich nicht extra entfalten.

Die Achtundsechziger und ihre kleinen Geschwister arbeiteten sich an dieser Haltung ab, sie übten sich im herrschaftsfreien Diskurs, kultivierten Diskussionskultur und widmeten sich allen möglichen Formen der Selbstfindung: Manchmal waren das Drogenkonsum und Hippiereisen, oft war es auch das politische oder bürgerschaftliche Engagement in linken Gruppen oder Anti-Irgendwas-Bündnissen. In den Siebzigerjahren setzte bei aufgeklärten Erwachsenen das Bedürfnis ein, die eigene Sozialisation und Erziehung zu reflektieren, schreibt die Historikerin Miriam Gebhardt in ihrer Studie *Die Angst vor dem kindlichen Tyrannen*. Das Ergebnis dieser Reflexion war oft genug, es bei den eigenen Kindern eben ganz anders machen zu wollen als die eigenen Eltern. So rutschte das Erziehungsziel »Gehorsam« zwischen 1966 und 1977 von Rang eins auf Rang 14 ab, die »Ordnung« von Platz vier auf Platz 22. Sie ließen uns schreiben, singen, malen, basteln, nackt herumlaufen und vor allem reden. Sie schickten uns, wenn sie es sich leisten konnten, zum Sport und ins Ballett, in den Musikunterricht und später ins Ausland, und wenn wir Glück hatten, interessierten sie sich auch noch aktiv für das, was ihre Kinder dabei so erlebt hatten. Kinder durften erzählen, was sie so gemacht hatten und wie es ihnen gefiel.

Natürlich war das nicht in allen Familien so. In manchen interessierten sich die Eltern ein bisschen zu stark für die Lebensgestaltung ihrer Kinder, so wie die Mutter einer Schulfreundin, die ihr Kind jahrelang die Treppen putzen ließ, wenn sie eine Note unter zwei nach Hause brachte. Wer eher ländlich-traditionell oder mittelständisch-konservativ aufwuchs, hat oft grundsätzlich andere Erfahrungen gemacht: Da gab es auch genügend Väter, die das Abitur für die eigene Tochter ein bisschen zu viel des Guten fanden und mit dem Sohnemann höchstens mal über die »Sportschau« sprachen, Mütter, die kein Interesse an den Interessen ihrer Töchter hatten, aber ihnen immer rechtzeitig mitteilten, wenn sie ein paar Kilo zugelegt hatten, und ihre Söhne vor allem als Nachfolger für den Familienbetrieb sahen. In ärmeren Haushalten war vielleicht keine Zeit für ausgiebige Eltern-Kind-Gespräche, und dann gab es auch noch eine Form der Nichtkommunikation, wenn die Eltern nämlich zu sehr mit ihrer eigenen Alternativität und ihrem Antiautoritarismus beschäftigt waren, um auf ihre Kinder einzugehen.

Natürlich wird immer noch in zu vielen Familien nicht ordentlich miteinander gesprochen. Natürlich gibt es immer noch diese Väter, die keinen Widerspruch dulden, und Mütter, die nicht wissen, wie man einen Dialog mit seinem Kind aufrechterhält, und auch in den Achtzigerjahren kam einer Menge Eltern jedes Hobby ihrer Kinder wie hinausgeschmissenes Geld vor – auch wenn sie zwei Autos in der Garage stehen hatten. Aber das sendungsbewusste linksliberale Bildungsbürgertum hat glücklicherweise stärker auf das gesellschaftliche Erziehungsideal gewirkt, und dieses betonte den Austausch.

Es gehört zu den größten Wehklagen meiner Generation, mit seinen Eltern »nicht darüber reden zu können«. Sie erwartet, das zu können. Egal, ob es um beruflichen Alltag, Stress an der Uni oder Beziehungsprobleme geht, es wird ein gewisser Anspruch erhoben auf Verständnis und guten Rat von den Eltern. Und wenn wir diese Erwartung nicht aufgrund unserer eigenen Kindheitserfahrungen haben, weil die eigene Mama vielleicht immer besser backen als zuhören konnte, dann weil jeder mindestens eine Person kennt, die mit ihren Eltern »eigentlich super über alles reden«

kann. Nicht reden zu können wird – völlig verständlicherweise – dann als Defizit, wenn nicht sogar als persönliches Drama empfunden. Ganz anders, als es noch den meisten Menschen, die 15 Jahre und mehr vor uns geboren wurden, geht. Für sie wäre es eher der betrübliche Normalzustand, alles andere eine schöne Überraschung, eine Seltenheit im Eltern-Kind-Verhältnis.

Wir Medienjunkies

Den Kindern beizubringen, dass das, was sie zu sagen haben, für die Erwachsenen interessant und wichtig ist, sollte eigentlich dem schönen und lobenswerten Ziel der Entfaltung individueller Charaktere dienen. Was es sicherlich auch hat, in gewisser Weise führte es jedoch wieder zu einem generischen Phänomen: Reden ist gut, wie es mir geht und was ich gerade denke, ist interessant, also rede ich darüber, wie es mir geht und was ich gerade denke. Diese Grundlogik unseres Ausdrucksverhaltens lieferte letztendlich den Nährboden für die Explosion der Kommunikationstechnologien in den Neunzigerjahren. Wir waren von klein auf angefixt, bestens präpariert für das Medienjunkietum. Kein Wunder, dass so viele von uns den Studiengang Kommunikationswissenschaften gewählt haben, ein Fach, in dem es um nicht viel mehr geht, als unterschiedliche Modelle von Gesprächen und Medienvermittlung zu erstellen. Und ein großer Teil der Privatnutzung des Netzes überträgt die Prinzipien der privaten Kommunikation – »Was denkst du gerade?«, »Was machst du gerade?«, »Würdest du mir dieses Produkt empfehlen?«, »Gefällt dir dieses Video?« – eins zu eins in die öffentliche Sphäre. Man findet im Netz von den meisten Menschen nicht nur einfach einen digitalen Fußabdruck aus Kaufentscheidungen und Nutzerregistrierungen. Sie hinterlassen dort auch Reliefabdrücke all ihrer Seelen- und Körperregungen.

Man nennt meine Generation bereits »Digital Natives«, aber streng genommen ist sie noch im Analogen geboren. In das Medienzeitalter ist sie eher hineingewachsen, anders als diejenigen, die heute Anfang 20 und jünger sind, waren wir als Kinder und Jugendliche eben nicht umgeben von Computern. An dieser Stelle muss ich mich wieder einmal davor hüten, in die Musealisierungsfalle zu tappen und zu viel Zeit mit Kindheitserinnerungen zu verbringen. Aber, ach, damals: Wer einen ISDN-Anschluss, also *mehrere Telefonnummern* besaß, gehörte schon zur gehobenen Kommunikationsklasse. Manche Eltern verweigerten sich dieser Innovation, unter anderem weil sie verhindern wollten, dass ihre Kinder sich stundenlang mit dem Telefon abschotteten (was die natürlich trotzdem taten). Selig dagegen die Freundinnen, denen nicht nur eine eigene Nummer, sondern sogar ein schnurloses Gerät zur Verfügung stand. Später, als sich dann die ersten Väter Computer mit 39k-Modems zu Hause hinstellten, surften die Jungs die Sexshopseiten an und sahen den Pixeln dabei zu, wie sie einen Busen bildeten. Wenn ein bisschen mehr passieren sollte, musste man sich eben von älteren Freunden was aus der Videothek mitbringen lassen. Youporn und die artverwandten Seiten spielten in unserer Pubertät keinerlei Rolle, Social Networking befand sich noch in der Experimentierphase, und es war kein Zeichen von besonderer Waldschratigkeit, keinen E-Mail-Account zu besitzen, jedenfalls nicht bis etwa zur Jahrtausendwende. Meine kleine Schwester wiederum, die rein jahrgangsmäßig zu meiner Generation gehört, aber tatsächlich viel moderner ist als ich, besaß in einem Alter, in dem ich die genaue Bedeutung des Begriffs »Browser« noch nicht vollständig erfasst hatte, schon mehrere E-Mail-Adressen, konnte mit Photoshop umgehen und hatte bereits einen Hit auf Youtube gelandet. Anders als ich ist sie in das Medienzeitalter tatsächlich hineingeboren worden. Als ich ein Grundschulkind war, arbeitete mein Vater an der Schreibmaschine. Als sie zur Grundschule ging, stand in seinem Arbeitszimmer ein riesiger japanischer Desktopcomputer.

Diejenigen, die näher an 1990 geboren sind, haben mit den Angeboten des Netzes einen Umgang von routinierten und souveränen, wenn auch unbestritten abhängigen Usern. Sie haben einfach früher angefangen und irgendwann verstanden, dass das alles auf Dauer nicht so faszinierend ist, auch wenn man es nicht lassen kann. In dem ungebremsten Digitalgequatsche meiner Altersgenossen kommen hingegen die Dauerüberforderung und das mangelnde Kontrollvermögen von Hardcorejunkies zum Ausdruck. Einmal war ich mit drei Freunden auf Reisen, und am Ende der zwei Wochen verglichen wir und stellten fest, dass keiner von uns in der gesamten Zeit seinen Facebook-Account geöffnet hatte. »Ich glaube, ich melde mich jetzt wirklich ab da, ich merke ja, dass ich es wirklich nicht brauche«, sagte einer, und wir anderen fanden das ziemlich plausibel und dass Facebook und die Zeit, die wir damit verbrachten, im Endeffekt doch erstaunlich sinnlos sei. Drei Tage nachdem ich zurück in Deutschland war, rief mich ein anderer Freund an und sagte: »Gut zu wissen, dass du wieder im Land bist.« Als ich ihn fragte, woher er das denn wisse, meinte er bloß: »Du hast drei Freundschaftsanträge angenommen und fünf Sachen geliked. Schon praktisch, dieses Facebook.«

Überflutet und überreizt

Es gibt zwischen Menschen Liebesbeziehungen, die als disfunktional bezeichnet werden: Sie kennzeichnen sich durch hochgradige emotionale Kodependenz aus, und meistens verbringt eine Partei ebenso viel Zeit damit, den anderen schlechtzureden und ihre eigene Verstrickung in das Verhältnis zu beklagen, wie sie letztlich damit verbringt, sich mit dem anderen zu versöhnen und das Verhältnis zu vertiefen. Menschen in solchen Beziehungen entwickeln Schuldgefühle, wissen, dass es so nicht weitergeht, und kommen trotzdem oft lange und manchmal auch nie vom anderen los – ein bisschen, wie das bei Suchtmittelabhängigen auch der Fall ist. Frauen, die aus solchen Beziehungen kommen, erklären oft, dass sie erst jetzt merken, wie leer und energielos sie der Partner machte, sagen Sätze wie: »Seitdem wir uns getrennt haben, habe ich auf einmal wieder richtig viel Zeit.« Diese Art gestörte Arrangements finden wir nicht normal, gehen sie aber im Endeffekt mit den Möglichkeiten der Kommunikation auch ein. Auf jeden, der einen kontrollierten, nutzenorientierten und produktiven Umgang damit pflegt, kommt eine Person, die sich dauernd überflutet und überreizt von Informationen, Einladungen und Sammelmails fühlt. Die eigentlich lieber ihre Ruhe hätte, immer wieder merkt, wie erholt sie sich nach einem Tag ohne Logins fühlt, und sich dennoch am nächsten Tag frisch und befreit an den Computer setzt oder das Smartphone aktiviert und sich erst mal durch alles klickt und scrollt, was so los ist.

Einen antikommunikativen Impuls kennt die westliche Kultur dieser Zeit nicht. Hin und wieder geht mal ein Journalist für ein paar Wochen offline, um ein Buch darüber zu schreiben, doch eine »Einfach mal die Klappe halten«-Bewegung zeichnet sich noch nicht ab. Im Gegenteil, die verbale Kommunikation gilt uns als Allzweckstrategie. Du willst Sex mit deiner Freundin, die gerade in Italien studiert? Mach Skype an und schick ihr ein sexy Video. Du willst, dass deine Eltern verstehen, warum sie dir ein Zweitstudium finanzieren sollen, obwohl du schon Ende 20 bist? Erklär ihnen die Situation in einer langen Mail. Du bist betrunken und willst deinem Exfreund sagen, dass gerade euer Song lief und du ihn immer noch liebst, oder deiner Fickfreundin mitteilen, dass du jetzt schon total Bock auf sie hättest? Schreib es in eine peinliche SMS an den betreffenden Menschen. Überhaupt erleichtert es die SMS-Funktion ungemein, Gefühle zum Ausdruck zu bringen, die eigentlich nicht zum Ausdruck gebracht werden sollten. Das hat Vorteile – es ist wirklich einfach geworden, Interesse an einer Person zu signalisieren und dabei noch unverbindlich zu bleiben, indem man ihr eine nette Nachricht schreibt. Wie schade, dass es keine Statistik darüber gibt, wie oft die Zeilen »Hey, bist du noch wach?« oder »Würde dich jetzt gern sehen« jeden Abend von deutschsprachigen Handy-Nutzern getippt werden. Wie viel mehr Überwindung kostet es, einen Menschen anzurufen, an dem man erotisch oder romantisch interessiert ist, als schnell ein »Was machst du gerade? lg« zu versenden. Es hat aber auch eindeutig Nachteile. Denn nie standen dem Menschen so viele Möglichkeiten zur Verfügung, sich vor einem potenziellen, tatsächlichen oder ehemaligen Sexualpartner zu blamieren. Noch vor 20 Jahren mussten die Menschen dazu einen wesentlich höheren Aufwand betreiben, wie gut hatten die es damals! Ein Anruf oder ein spontaner Besuch ist eine reelle Erfahrung mit spürbaren Konsequenzen. Ein Chat, eine Mail oder eine SMS ist dagegen eine Erfahrung niederer Ordnung, eine Kommunikation, die man, wenn man sie bereut, einfach archivieren oder löschen kann – oder bei der höchst populären Facebook-Gruppe »SMS von gestern Nacht« hochladen. Wir tun, was man uns sagt: Wir quatschen uns leer.

Wir ahnen, dass wir uns in gewisser Weise schaden, indem wir nicht nur dem ständigen Gequassel unsere Aufmerksamkeit schenken, sondern uns auch aktiv daran beteiligen. Dass uns das Gelaber eventuell mehr nimmt als gibt. Aber das hält uns, wie in jeder nicht ganz einwandfreien Beziehung, nicht davon ab weiterzumachen. Denn wie in vielen nicht ganz einwandfreien Beziehungen ist eben nicht alles nur schlecht, im Gegenteil: Wenn wir an unserem eigenen Verhalten ein bisschen arbeiten würden, wäre eigentlich alles perfekt.

Kommunikativität ist an sich mitnichten die schlechteste Eigenschaft, die ein Mensch haben kann. Es ist, wenn man die Literatur und Geschichte der vergangenen Jahrhunderte bedenkt, nicht anzunehmen, dass es die Menschen besser miteinander hatten, als sie sich weniger erzählten. Twitter, Facebook und Blogs machen die Welt nicht schlechter, als sie war. Lauter, das ja. Ein bisschen anstrengender, wenn man ihnen keine strenge Ökonomie entgegensetzt. Aber, und das ist auch wichtig – die ganze Vernetzung führt eben nicht gerade dazu, dass die Welt zu einem besseren Ort wird. Und nicht nur, weil sich kongolesische Milizen mit dem Erz finanzieren, das in die Milliarden von Mobiltelefonen weltweit wandert. Als Anfang des Jahres 2011 in Tunesien, Ägypten, Jordanien und dem Jemen Hunderttausende Menschen über Wochen hinweg auf die Straße gingen, sich gegen Panzer stellten und schwer bewaffnete Polizei, um gegen ihre diktatorischen Regimes zu protestieren, versuchten sämtliche Netzspezialisten im demokratisierten Westen die Vorgänge zur Facebook-Revolution zu (v)erklären, nur weil sich die Menschen zum Teil über diese Plattform organisiert hatten. Dabei hörte die Revolution mitnichten auf, als etwa der ägyptische Präsident Mubarak in einem verzweifelten Versuch, die Lage zu kontrollieren, das Internet landesweit abschalten ließ. Genauso egal war es zum Beispiel auch, dass sich der ganze Westen 2009 per Twitter mit der sogenannten grünen Revolution im Iran solidarisierte. Wie Malcolm Gladwell im *New Yorker* erklärt, bekamen die meisten Iraner davon gar nichts mit, weil sie nämlich damit beschäftigt waren, auf der real existierenden Straße real existierenden Revolutionsgarden zu widerstehen: »Es gab keine Twitter-Revolution im Iran.« Und auf die iranischen Autoritäten machte es keinerlei Eindruck, dass Millionen junger Europäer und Amerikaner ihre IP-Adressen auf den Iran umstellten – weil sie ja immer noch auf Englisch, Deutsch oder Französisch vor sich hin zwitscherten. Nichtsdestotrotz kannte die Selbstgefälligkeit des digitalen Westens kaum Grenzen. Der US-amerikanische Sicherheitsberater Mark Pfeifle forderte den Friedensnobelpreis für den Kurznachrichtendienst – und jeder, der den Hashtag #iranelection verwendet hatte, durfte sich fühlen wie vermutlich damals die jungen Menschen bei den Anti-Vietnam-Protesten. Nur dass niemand seinen Alltag für die Geste des Beistands unterbrechen musste und sie alle Follower und Facebook-Freunde trotzdem mitbekamen. Wie praktisch. Man richtet es sich gemütlich ein in einer virtuellen Welt, in der politisches Handeln damit gleichgesetzt wird, einen Link zu posten. Was es ja noch wäre, wenn man uns verbieten würde, auf bestimmte Seiten zu verlinken, doch das Gegenteil ist der Fall: Diese Welt ist genau so codiert, dass im Prinzip nichts so einfach und erwünscht ist wie die permanente Verlinkung. Niemand kann in Europa, Nord- oder Südamerika subversiv sein, indem er etwas im Internet tut. Vielleicht ist der einzige mögliche politische Akt – entgegen aller Beschwörungen von Politik 2.0 und neuer Öffentlichkeit – das erbarmungslose Hacken großer Finanz- und Verteidigungsdienstleister, so wie es die Gruppe »Anonymous« mit ihren Angriffen auf die Server von MasterCard und PayPal gezeigt hat, als die beiden Unternehmen alle Überweisungen an WikiLeaks einstellten. Aber seien wir ehrlich: Von den Stunden, die wir täglich oder wöchentlich vor dem Computer verbringen, investieren die wenigsten von uns auch nur Sekunden damit, selbst irgendwelche Codes zu schreiben oder gar zu knacken.

Jeder hat zu allem etwas zu sagen

Tatsächlich muss man sich nicht auf Wikipedia, die »Blogosphäre« oder das Social Networking fixieren, um zu verstehen, warum das Gelaber an sich für uns so einen hohen Stellenwert hat. Man sieht es daran nur so gut. Im Prinzip ist der herrschaftsfreie Diskurs scheinbare Wirklichkeit geworden. Während die Gesetzgebung oder die Rechtsprechung immer stärker von Experten beeinflusst wird, kommuniziert die Öffentlichkeit unter dem Dogma: »Jeder hat zu allem etwas zu sagen – insbesondere wenn er selbst betroffen ist.« Das haben die Nachmittags-Talkshows vorbereitet, das manifestiert sich heute in der Kommentarfunktion auf allen größeren Medienwebseiten, in den Amazon-Kundenrezensionen und in der immer lauteren Forderung nach mehr Bürgerentscheiden. Dass dieses »zu allem etwas sagen dürfen« größtenteils völlig folgenlos bleibt, geht unter, weil all die Meinungen, Bekenntnisse und Erfahrungsberichte, die Tag für Tag aus allen Kanälen quellen, das überlagern. Der Kommentar – auf *Spiegel Online*, auf Facebook, auf dem Blog deiner Wahl: Er steht schon da, aber er steht auch nirgends. Er hat keine Folgen, aber er hat dich Zeit gekostet. Du hast gehandelt, weil du gesprochen hast – aber du hast auch nichts gesagt. Die meisten von uns wissen das, daher auch die ambivalente Haltung. Wir quatschen uns nicht nur leer, wir quatschen auch in die Leere. Das ist das eigentlich Entscheidende. Die einzig echte Möglichkeit, in der kommunikativen Konstellation des 21. Jahrhunderts zu protestieren, wäre also das Schweigen. Stattdessen bietet die Politik den Bürgern Internetpetitionen und Twitter-Abos an. Und die Bürger nutzen sie. Wir können uns keine Welt vorstellen, in der Schweigen ein effektives Mittel der Meinungsbildung wäre. Und auch wenn das eine sehr ruhevolle Vorstellung ist – eine solche Welt gab es nie und wird es wohl zum Glück auch kaum geben.

Wir leben unter dem Motto: »Lass uns reden, egal, über was.« Das ist längst auch im Politischen angekommen: Du willst, dass man deinen Namen kennt, ohne dafür politische Arbeit zu machen? Dann formuliere ein paar provokante Thesen in die Richtung ausländischer Mitbürger und verschicke sie am besten noch per Twitter. Du willst, dass die Bewohner deiner Stadt ein überteuertes Bahnhofsprojekt akzeptieren? Lass sie ihre Sorgen an einem runden Tisch artikulieren. Das Erscheinungsjahr dieses Buches ist zufälligerweise auch das Jahr, in dem die Umstrukturierung des Sendeprogramms der ARD in Kraft tritt und die Konsumenten des öffentlich-rechtlichen Fernsehens jeden Abend in einer Talksendung Politikern, sogenannten Experten und dem gelegentlichen Bürger beim Reden zuschauen können. Wer das tut, stellt fest, dass in diesen Runden alle paar Wochen dieselben Personen reden, deren einzige öffentliche Funktion darin zu bestehen scheint, in der Öffentlichkeit in Runden zu reden, egal, über was, Hauptsache, es ist aktuell. Einerseits ist die Redefreiheit so demokratisiert wie nie zuvor, es gibt Platz für alle und jeden. Andererseits finden sich im Polit-Talk die reale Macht und das Theater der Macht in der vollendeten Verquickung. Politik geht auf in »den Medien« wie ein Hefewürfel in einem Glas Milch, und am Ende kommt ein dicker Textteig heraus.

Obwohl Medienexperten und Politikwissenschaftler zumindest der deutschen Politik vorwerfen, sie hätten vom Netz immer noch nichts kapiert: Das Prinzip des Leerquatschens ist dort schon längst angekommen. Einmal besuchte ich eine Tagung zum Thema Bürgerbeteiligung und Internet. Es war im Herbst 2010, der von manchen Öffentlichkeitsakteuren als »heiß« bezeichnet wurde, als der »Wutbürger« im *Spiegel* erfunden wurde und jeder, den man fragte, sich sicher war, dass ein neues Protestzeitalter in Deutschland und ganz Europa angebrochen war. In Hamburg stoppten aufgebrachte Großbürger die Bildungsreform, in Stuttgart versuchten aufgebrachte Steuerzahler den Bahnhofsbau zu stoppen, in Berlin protestierte das Nikolasseer Geldbürgertum gegen die Einflugruten des geplanten Flughafens. In ganz Deutschland gingen Rekordmenschenmassen gegen die Laufzeitverlängerung der Atomkraftwerke auf die Straße, was von der Politik gelobt, aber dennoch ignoriert wurde. Die Bürger beteiligten sich im Jahr 2010 medienwirksamer als je zuvor. Die Tagung befasste sich mit »Kommunikations- und Partizipationsprozessen im Generationenvergleich«, und natürlich hatte das Internet wieder die gesamte Aufmerksamkeit an sich gerissen. Denn erstens ist das Internet – wie man auch in diesem Kapitel nachlesen kann – für alles gut. Und zweitens benutzen es junge Menschen angeblich dazu, sich an politischen Prozessen zu beteiligen. Deswegen hatten die Veranstalter die Teilnehmer aufgefordert, per Twitter live von den diversen Podien ihre Eindrücke zu versenden. Die wurden wiederum über einen Beamer an die Wand über der zentralen Bühne gestrahlt. Die ganze Konstruktion hatte den bizarren Effekt, dass man vor einer Bühne saß, auf der Leute diskutierten, und hinter der Bühne mitlesen konnte, dass jetzt Leute gerade auf der Bühne saßen und diskutierten. Anschließend nahmen zwei Internetaktivisten und ich an einem Chat teil, in dessen Verlauf wir feststellten, dass er gar nicht live stattfand, sondern von den Veranstaltern mithilfe älterer Nachrichten und Tweets simuliert wurde. »Wollt ihr dazu nicht trotzdem etwas sagen?«, insistierte der Chat-Koordinator, als wir ihn darauf aufmerksam machten, dass er uns zweimal denselben Tweet zur Beantwortung weitergegeben hatte. Es war absurd, noch etwas zu sagen, es gab auch nichts mehr zu sagen – aber am Ende chatteten wir weiter.

Gib mir 'n kleines bisschen Sicherheit*

Postoptimistische Zeiten, die Abschaffung der Utopien und was Ängstlichkeit mit der Generation Praktikum zu tun hat

*Silbermond

Aus Bautzen, einer mittelgroßen Stadt in Sachsen, kommt die Band Silbermond, deren Musik sehr viele junge Deutsche hören. Ihr Album »Nichts passiert« erschien im Jahr 2009 und brach damals alle Rekorde deutscher Musiker im Download-Geschäft. Aus dem Album wurde eine Single gekoppelt, sie heißt »Irgendwas bleibt«. Sängerin Stefanie Kloß, Jahrgang 1984, singt darin folgende Zeilen:

> »Gib mir 'n kleines bisschen Sicherheit
> In einer Welt, in der nichts sicher scheint.
> Gib mir in dieser schnellen Zeit irgendwas, das bleibt.
> Gib mir einfach nur 'n bisschen Halt
> Und wieg mich einfach nur in Sicherheit,
> Hol mich aus dieser schnellen Zeit.
> Nimm mir ein bisschen Geschwindigkeit.«

»Irgendwas bleibt« stieg sofort auf Platz eins der deutschen und Schweizer Charts ein und dudelte dann das ganze Jahr lang im Radio. Offensichtlich hatte Silbermond bei den deutschsprachigen Pophörern einen Nerv getroffen. Offenbar hatte die Band eine Mentalität benannt, die bei meiner Generation sehr stark ausgeprägt ist: Man fühlt sich zerrieben von der Zeit, die so schnell vergeht. Man wünscht sich Stabilität statt Wandel, möchte in Sicherheit gewogen statt ins Abenteuer geworfen werden. Und das, obwohl in der deutschen Geschichte noch keine Periode so friedlich und wohlstandsgeprägt war wie die letzten 50 Jahre. Der Hitsong von Silbermond fleht um Schutz und Beständigkeit, was auf Angst und eine Abneigung gegen Veränderungen schließen lässt. Es sind dies kleine, zaghafte Gefühle, keine großen, wilden, Sturm-und-Drang-haften Begehren. Insofern ist »Irgendwas bleibt« wohl einer der zutiefst deprimierenden Poperfolge der letzten Jahre. Denn so jämmerlich, um nicht zu sagen feige, klang Jugendkultur nie. Ganz bestimmt nicht alle Mitte- und Endzwanziger von heute sind Silbermond-Fans, doch man kann es auch in den Blogs nachlesen, man kann es in Gesprächen hören, man kann es an der eigenen Seelenverfassung überprüfen: Offenbar hat eine ganze Generation mit vielen Ängsten und Unsicherheiten zu kämpfen.

Unsere Zukunftsmusik klingt nach Energiekrise, Klimawandel, Arbeitslosigkeit

An einem Sommerabend vor ein paar Jahren saß ich mit einem Freund auf dem Balkon, vor uns standen leer gegessene Teller und eine halb volle Flasche Wein. Mein Freund hatte gerade Abitur gemacht, er war im Begriff, mit einem »Around-the-World-Ticket« auf Reisen zu gehen, wie das seit ein paar Jahren unter weltoffenen und liquiden Abiturienten eben üblich ist. »Auf die nächsten fünf Jahre meines Lebens freue ich mich«, sagte er, »aber vor dem, was danach kommt, habe ich Angst.« Er meinte damit nicht nur die Angst davor, das Schwellenalter 25 zu überschreiten, sich persönlich auf einen Berufsweg, eine Frau und womöglich eine seiner zahlreichen Interessen festlegen zu müssen. Er meinte damit auch die ganz konkrete Furcht vor den Folgen der Erwärmung des Golfstroms, die in dem Bericht des International Panel for Climate Change (IPCC) in jenem Jahr vorausgesagt worden war. Fünf Jahre Zuversicht sind nicht eben viel, wenn man gerade mit dem Erwachsenwerden anfängt.

Ein paar Jahre später traf ich an einem Winternachmittag in einem Café in Berlin eine entfernte Bekannte. Wir sprachen kurz über unsere Arbeit und unsere Pläne für das Jahr, und dann sprachen wir natürlich, wie man das hier so macht, über die Stadt, in der wir lebten. Diese Bekannte lebte den Traum aller akademischen Prekarier: Sie wurde seit Jahren von einem einflussreichen Literaturprofessor gefördert und hatte gleich nach ihrer Promotion eine volle Stelle mit relativ überschaubarem Arbeitsaufwand übernommen. Sie lebte auch den Traum all der jungen Menschen, deren Partner aus beruflichen oder ausbildungstechnischen Gründen nicht am selben Ort leben und die Erotik und Romanze per Skype, Mobilflatrate und verlängerten Wochenenden am Leben zu erhalten versuchen: Nach jahrelanger Fernbeziehung war ein paar Monate zuvor ihr Freund nun endlich in die Stadt gezogen, mit einer ziemlich sicheren Stelle in einer Parteizentrale, aber es half alles nichts: »Nur weil Jonas und ich jetzt zusammenwohnen und richtige Jobs haben, denken alle um uns herum, dass wir jetzt ein Nest bauen und auch bestimmt bald Kinder kriegen, der ganze Kram. Da bekomme ich Zustände, ich muss hier raus!« Sie hatte ihr kleines bisschen Sicherheit gefunden, und es machte ihr genauso viel Angst wie dem jüngeren Freund die geballte ökologische Gefahrenlage.

Angst bestimmt viel stärker als Hoffnung die Perspektive meiner Generation und damit ihr Denken und Handeln. Sie spiegelt dabei eine Entwicklung wider, die Sozialwissenschaftler wie Wilhelm Heitmeyer seit Jahren für die westliche Gesellschaft diagnostizieren. Angst – vor Gewalt, sozialem Statusverlust, fremden Gruppen – spielt eine gesteigerte Rolle in der Berichterstattung der Medien und in der Selbsteinschätzung der Menschen, das ist in den USA so wie in Deutschland. Sicherlich gehen Hunderte oder Tausende junge Menschen auch im 21. Jahrhundert voller Selbstvertrauen und Sorglosigkeit schlafwandlerisch durchs Leben und treffen dabei eine mutige Entscheidung nach der anderen. Doch im Großen und Ganzen ist unsere Vorstellung der Welt und der Gesellschaft nicht nur postmodern, sondern auch postoptimistisch.

Ein junges Lebensalter war, kulturell gesehen, immer mit einem Anspruch auf Hoffnung verbunden, einer Hoffnung für die eigene Entwicklung und für die Welt, in der man lebte. Diese Hoffnung hatte mit Fortschrittsglauben zu tun, mit dem Glauben, dass die bestehenden gesellschaftlichen und persönlichen Verhältnisse grundsätzlich veränderbar oder verbesserungsfähig seien. Dass die Dinge tendenziell eher besser als schlechter würden. Dass es so etwas wie realistische Alternativen zu dem gebe, was da ist. Diese Hoffnung begründete sich in der Annahme, dass die eigene Existenz nicht einfach nur der Zeit ausgeliefert wäre, dass einen niemand »aus dieser schnellen Zeit« herausholen müsse, sondern dass jede und jeder Einzelne die Zeit beeinflussen könne, in der sie und er lebt. Es gab immer auch Ängste vor dem, was da kommen konnte: das Jüngste Gericht, der »Russ'« – der Knecht Ruprecht für Kinder des Kalten Kriegs –, und es gab finstere und hoffnungslose Zeiten, in denen die Gegenwart mit ihren ganz konkreten Gräueln jeden Blick auf eine schöne Zukunft verstellte. Zwischen 1936 und 1945 war außer den Nazis und ihren Sympathisanten auf der Welt wohl kaum jemand mehr anhaltend optimistisch, das ist klar. Doch der Postoptimismus unserer Zeit hat eine andere, finalere Qualität: Wir leben in einer scheinbar friedlichen und kommunikationsfreudigen Gesellschaft, deren Grausamkeit zumindest für den braven Staatsbürger auf ein erträgliches Minimum heruntergeschraubt ist, und haben doch den Eindruck, dass nichts mehr zu machen ist.

Das hängt zum einen mit der Art und Weise zusammen, wie Zukunft seit Jahren thematisiert wird. Es gibt viele Probleme, über die in der Öffentlichkeit zu wenig gesprochen wird, Menschenrechtsverletzungen, häusliche Gewalt, Altersnot, Waffenhandel und Diskriminierung von körperlich Behinderten zum Beispiel. Es gibt Fragen, die wir uns zu selten stellen, Gefahren, die wir nicht fürchten, weil wir nie über sie nachdenken: die

Strahlungen von schnurlosen Telefonen und mobilem Internet etwa, die Folgeschäden von Hormonen im Grundwasser, Lichtverschmutzung der urbanen Regionen und Zehntausenden Arbeitsstunden an Laptop-Computern – ach, worüber wir nicht alles in Sorge und Stress verfallen könnten! Nur wissen wir über all diese Angelegenheiten meist gar nicht genug, um uns akut oder wenigstens latent von ihnen bedroht zu fühlen. Bei der Zukunft ist das anders. Sie ist das eine Thema, dessen individuell und kollektiv problematische Aspekte in Wissenschaft, Medien und Politik phantastisch ausgeleuchtet sind und kaum zur Debatte stehen. Anders als noch vor 50 oder 100 Jahren ist dabei für Spekulationen kaum Raum. Wir können uns keine schönen neuen Welten vorstellen, auch keine schwebenden Städte oder Weltraumkolonien. Unser Vorstellungsvermögen ist schon eingenommen von den Ergebnissen der Rechenmodelle und Prognosen, da bleibt kein Platz für futuristischen Firlefanz. In der Zukunft gibt es überhaupt nicht genug Treibstoff, um Expeditionen ins All zu schießen! Und die Städte quellen aufgrund der globalen Landflucht und Verslummung wie Pilzkulturen in ihre Umgebungen aus, statt sauber und klar und hightechmäßig nach oben zu wachsen! Wer 30 ist oder jünger, der hört seine Zukunftsmusik als einen schreckensvollen Dreiklang aus Energiekrise, Klimawandel und Massenarbeitslosigkeit.

Würde die Mauer heute fallen, würden wir einfach auf den Livestream verlinken

Zukunft verbinden wir auch nicht mehr mit Ideen von einem neuen menschlichen Zusammenleben, in Kommunen etwa. Dazu haben sich zu viele der ursprünglichen Kommunen in schlimme Sekten verwandelt oder in kleinbürgerliche Harems um grauhaarige Gurus. Ganz ausgestorben ist die Sehnsucht nach der Kommune in meiner Generation überraschenderweise trotzdem nicht. Das »Unsichtbare Komitee« aus Frankreich, eine Gruppe von anonymen Anarchisten, preist in seinem Manifest »Der kommende Aufstand« die absolut eigentumslose und antikapitalistische Lebensart an. Die Menschen seien ihrer Meinung nach längst im Begriff, sich aus den Paar- und Familienbeziehungen genauso zu lösen wie aus den Produktivitätszwängen der Moderne und in autarken Gemeinschaften zu leben. Auch in der deutschen linksalternativen Szene bestehen junge, kommunardenartige Gruppen, die in besetzten Häusern in Berlin-Friedrichshain und im Hamburger Schanzenviertel, in Hofgemeinschaften auf dem Brandenburger Land oder alten Bauernhäusern in Bayern leben. Aber ich glaube, es ist nicht vermessen zu sagen, dass bei den meisten von uns bereits nach ein paar Jahren WG-Leben der Wunsch nach Abgrenzung im Privatleben deutlich dringender wird als der nach Gemeinschaft. Auf einer größeren Skala kennen wir mittlerweile eigentlich keine revolutionäre Gesellschaftsform, eine totalitäre oder anarchische Idee davon, wie die Menschheit in Zukunft zusammenleben könnte, die nicht schon als immens impraktikabel verworfen wurde oder irgendwo längst unerfreuliche Realität ist. Wir glauben nicht einmal mehr richtig an Revolutionen, wenn sie vor unseren Augen stattfinden. Als Anfang des Jahres 2011 in Ägypten und Tunesien die Menschen gegen die unterdrückerischen Regimes Ben Ali und Mubarak auf die Straße gingen, traf ich mich mit einer Freundin im Café, und als ich ihr mein Gefühl erklärte, dass in der politischen Sphäre eine völlige Abwesenheit von Hoffnung bestehe, guckte sie verwirrt: »Aber schaust du in letzter Zeit fern?«, fragte sie mich plötzlich. »Ägypten, Tunesien, der Jemen – alles brennt!« Außer ihr kenne ich niemanden, der die Proteste mit unverhohlener Begeisterung verfolgt hatte. Solidaritäts-Getwitter, ja klar, und keine Ahnung, wie viele meiner Facebook-Freunde den geschassten Präsidenten Mubarak ausdrücklich auf ihren Profilen zum Rücktritt aufforderten. Aber selbst die freiheitsliebendsten und demokratiefreundlichsten Menschen in meiner Umgebung sprachen mehr von der Gefahr einer Machtübernahme der Radikalmuslime als von einem Befreiungsschlag der Völker. Und auch meine vor revolutionärem Fieber lodernde Freundin schickte mir nur drei Tage nach unserem Treffen einen Link mit dem Betreff: »Hm, das ist doch ziemlich deprimierend« – es ging um die Rückkehr einer islamisch-fundamentalistischen Führungspersönlichkeit nach Tunis. Wir sind zwar jung, aber wir sehen bisweilen auf die Welt mit der Resignation von Menschen, die schon so einiges erlebt haben. Das liegt vielleicht daran, dass wir politische Ereignisse so selten als Erlebnisse wahrnehmen. Ich denke: Wenn heute noch mal die Mauer fallen müsste, würden garantiert mehr Leute auf einen Livestream dazu verlinken, als sich an die Mauer zu stellen.

Der Postoptimismus, der uns durchsetzt, äußert sich darin, dass wir in unserem politischen Vokabular unter dem Wort »Zukunft« nicht so sehr »Möglichkeiten« und »Hoffnungen« vereinen, sondern es als einen Sammelbegriff verstehen für ein Schlagwörterbündel aus wenig verheißungsvollen Worten wie »Nachhaltigkeit«, »Schuldenabbau« und »Emissionsbegrenzung«.

Tatsächlich ist ja bekannt, was uns in den nächsten Jahrzehnten erwartet, und das meiste davon macht nicht unbedingt Lust auf mehr: Anstieg der Durchschnittstemperatur der Erdatmosphäre und damit verbundenes Abschmelzen der Polkappen. Knappheit der Ressourcen und Rohstoffe, Wassermangel und Verwüstung großer Landstriche weltweit. Massenmigration, Massenarmut und natürlich die Überalterung der westlichen Gesellschaften. Fortschreitende Globalisierung und damit Umstrukturierung der Arbeitswelt, stetige Zunahme des ohnehin permanenten Konkurrenzdrucks, chinesische Fiskalherrschaft über die Welt. Abrodung der Regenwälder, Überfischung der Meere, Aussterben der Panda- und Eisbären. Und das sind nur die ökologisch-ökonomischen Rahmenbedingungen, unter denen man sich als junger Erwachsener heute seine Zukunft und die der eigenen Kinder vorzustellen hat. Hinzu kommen noch die jeweiligen nationalen Entwicklungen, die offenbar dahin führen, dass sämtliche Rechte und Privilegien, die unsere Eltern noch genossen, verschwinden, und zwar politisch gewollt unter dem Schlagwort »Zukunft sichern«: Kostenlose Bildung, bezahlbare Krankenversicherung, Renten, von denen man leben kann, all das, so das gängige Argument, können »wir« in den westlichen Demokratien uns nicht mehr leisten, Steuerprivilegien für bestimmte Berufsgruppen und Höchstverdiener, schlecht kalkulierte Bauprojekte, ein für europäische Verhältnisse skandalös niedriges Chancengerechtigkeitsniveau hingegen schon. Sowohl bezüglich der Geschlechtergleichstellung als auch der sozialen Mobilität gehört Deutschland zu den schwächsten Ländern der Europäischen Union, sagen Studien des Deutschen Instituts für Wirtschaftsforschung (DIW) und des Wissenschaftszentrums Berlin (WZB). Der demografische Wandel, eine Lieblingsobsession der deutschen Medienöffentlichkeit, also das angebliche rasante Altern, das für die deutsche Gesellschaft zu erwarten sei, verzahnt sich hier mit dem Argument der Generationengerechtigkeit: Es muss doch mal wer an die Kinder denken! Spart jetzt, damit wir, die letzten jungen Menschen unserer Zeit, nicht später auf dem viel zitierten Schuldenberg sitzen bleiben! Mit Verweis auf die Zukunft und die natürlich zwingend zu gewährleistende Freiheit des Marktes werden Kündigungsschutzgesetze gelockert und Frauenquoten gar nicht erst eingeführt. Wegen Haushaltszwängen und Sparmaßnahmen wird wohl in den nächsten Jahren eine weitere Generation von jungen Müttern ohne ausreichende öffentliche Betreuung ihrer Kinder auskommen müssen.

Das große globale Projekt unserer Zeit heißt Wettbewerb

Im Namen der Zukunft wird also laufend die Gegenwart beschädigt. Kein Wunder, dass sie meiner Generation bedrohlich erscheint. Kein Wunder, dass wir auf Sentimentalität bezogen alle früh vergreisen und uns mit Anfang 20 schon nostalgisch an die Kindheit, die doch gerade erst abgeschlossen wurde, zurückerinnern.

Ich erinnere mich zum Beispiel an eine Erdkundestunde, wir waren etwa 30 zwölfjährige Schüler, wir lernten die globale Erwärmung. Unser Lehrer Dr. Nickles war ein hagerer älterer Herr, den ich verehrte, weil er es schaffte, ein extrem diszipliniertes Unterrichtsregime zu führen und sich dabei trotzdem immer ironisch von uns Schülern zu distanzieren. »Wenn ihr so alt seid wie ich«, sagte Dr. Nickles und blickte dabei an seiner Patriziernase entlang auf die Klasse hinab, »werden Palmen am Chiemsee stehen.« Der Chiemsee ist der größte See in Bayern, er liegt kurz vor den Alpen. Es gibt in dem Ort Prien am Chiemsee ein großes Spaßbad namens Prienavera, und ganz in der Nähe liegen die Berge, auf denen richtige bayerische Kinder mit drei Jahren den ersten Zwergerl-Skikurs absolvieren.

Es war ein völlig ausgeschlossener Gedanke, dass irgendwann mal Palmen am Chiemsee stehen würden, genauso wie es für eine Klasse von Sechstklässlern ein völlig ausgeschlossener Gedanke war, dass sie irgendwann das Alter des Studienrats Dr. Nickles erreichen würden.

»Geil!«, riefen ein paar von den Jungs. »Gibt's dann auf dem See auch Wellen wie in Hawaii?« »So ein Schmarrn, das kann doch gar nicht sein«, rief die stramme Magdalena, deren Oma ein großes Haus am Chiemsee besaß.

Palmen am Chiemsee sind seitdem meine persönliche Illustration für den Schrecken und die Schönheit, die von der Zukunft zu erwarten sind. Palmen am Chiemsee sind aber auch eine Art Ablenkung durch Exotik. Denn irgendwie helfen sie mir, das Ereignis Klimawandel immer noch mental in eine Zeit zu verlegen, die 30 bis 40 Jahre in der Zukunft liegt, wenn ich also so alt wie Dr. Nickles bin, sehr weit weg, sehr fremd eben.

Palmen am Chiemsee sind noch das objektiv Hübscheste, was uns in der Jugend an die Wand gemalt wurde. Ach ja, und dann gab es noch die blühenden Landschaften, die sich angeblich überall von Thüringen bis Mecklenburg-Vorpommern im sanften Frühlingswind der Kapitalisierung wiegen sollten, doch Mitte der Neunzigerjahre waren die schon wieder vergessen. Die Zeiten, in denen Politiker noch von blühenden Landschaften oder sicheren Renten sprachen, die Zeiten, in denen man sich so etwas wie einen Weltfrieden vorstellen durfte oder wenigstens eine Lösung des Nahostkonflikts, die Zeiten, in denen Militär und dessen Auslandseinsätze nicht zu den Selbstverständlichkeiten der Gesellschaft zählten, sondern Gegenstand strenger Kritik waren – sie sind nicht unsere Zeit.

Der politisch entscheidende Aspekt des Postoptimismus ist, dass uns der Glaube an große soziale oder politische Projekte verloren gegangen ist. Das größte globale Projekt heißt heute »Wettbewerb«, das Individuum bleibt also in der Welt weitestgehend allein. Wir leben in einer Zeit des sozialen Abbaus, dem keine Visionen von Aufbau entgegengesetzt werden. Diese Zeit setzte schon unter Bundeskanzler Helmut Schmidt ein, wie das Christoph Butterwegge in seinem Buch *Krise und Zukunft des Sozialstaates* beschreibt. Das Dauerwohlstandsversprechen geriet nämlich eigentlich bereits durch die Energiekrise der Siebzigerjahre ins Wanken. Doch richtig Fahrt nahm die Entwicklung vor allem unter Kohl und Schröder auf, zu einer Zeit also, als meine Generation zur Schule ging. Es ist eine der härtesten Ironien der Geschichte, dass gerade Politiker wie Gerhard Schröder und Joschka Fischer, die von dem Optimismus meiner Generation bei ihrer Wahl 1998 durchaus profitierten, durch ihre Politik an der Zerstörung dieser Zuversicht maßgeblich beteiligt waren. Dass eine Generation von Politikern, wie sie heute nicht mehr entstehen könnte, bestehend aus sozialen Aufsteigern und selbst gemachten Männern und Frauen, durch Gesetzgebungen wie »Hartz IV« die Chancengerechtigkeit in Deutschland entscheidend reduzierte.

Heute klagen Politiker und Feuilletonisten gerne darüber, dass die deutsche Bevölkerung fortschrittsfeindlich und risikomüde sei, weil teure Bauprojekte immer wieder am Widerstand von Wählern scheitern. Nun muss man sagen, dass selten junge Menschen gegen Bahnhöfe oder Elbphilharmonien protestieren. Aber abgesehen davon: Echter Fortschritt und wirkliche Risiken werden im gesellschaftspolitischen Bereich nicht mehr erwirkt, und das mit der immer gleichen Begründung: Entweder es ist kein Geld dafür da (Bildungsreformen, Kinderbetreuung, Förderung regenerativer Energien, bezahlbares Bahnsystem), oder es lässt sich nicht gegen die Interessen der Wirtschaft/der internationalen Gemeinschaft/der Chinesen durchsetzen (Bildungsreformen, Quotenregelungen, ein verbindliches Klimaabkommen, eine Reform der Nahrungsmittelindustrie). Fortschritt hat im Übrigen immer der Bürger zu bezahlen, sei es der Ausbau eines europäischen Stromnetzes, wie das Anfang 2011 von der Europäischen Kommission beschlossen wurde, sei es der Umbau des Schienennetzes der Deutschen Bahn. Auch Risiken fallen zu Lasten der Gemeinschaft, wie man beispielhaft in der Finanzkrise von 2009 lernen konnte. Profite aus technischem Fortschritt und öffentlichen Risiken wiederum fließen prinzipiell in den privaten Sektor. Fortschritt ist als politisch-theoretische Kategorie zu Recht schon lange umstritten. Aber auch in der politischen Mentalität ist er eigentlich keine echte idealistische Kategorie mehr: Tatsächlich ist es unglaublich risikomüde und fortschrittsfeindlich, wie in der Öffentlichkeit die Entwicklungspotenziale der Weltgemeinschaft verhandelt werden. Sei es, dass dem US-amerikanischen Präsidenten lange nichts zur ägyptischen Revolution einfiel außer: »Wir beten für einen besseren Tag«, sei es, dass der deutsche Bundesumweltminister als Strategie für den Klimawandel das Schlagwort »Low Carbon Economy« bemüht: »Low Carbon Economy bedeutet: Eine zukunftsfähige, wettbewerbsstarke, stabile Wirtschaft der Zukunft!« Gott oder der Wettbewerb –

das scheinen die einzigen salonfähigen Lösungsprogramme für sämtliche politische Situationen zu sein. Und so wird von der säkularen Hälfte meiner Generation erwartet, dass sie an einen Markt glaubt, der sie im Stich lässt, und sich für Gebäude begeistert, an deren Planung sie keinerlei Anteil hat. Laut dem Konstanzer Studierendensurvey glaubt mittlerweile nur noch eine Minderheit, dass es auf dem Markt gerecht zugeht, und diese Tendenz bestätigt auch die Langzeiterhebung *Deutsche Zustände* für das Jahr 2009. Wir glauben nicht blind an den Markt, auch wenn man das offenbar gerne so hätte. Noch wichtiger ist: Meine Generation steht der Basis aller modernen gesellschaftlichen Projekte – der Demokratie – mit Skepsis gegenüber, wie wir noch sehen werden.

Grundsätzlich gibt es ein Muster in der Politik, die in den westlichen kapitalistischen Staaten verfolgt wird, und das ist die Verlagerung sämtlicher Kämpfe um Chancengerechtigkeit ins Private: Junge Frauen und Männer müssen das eben miteinander ausmachen, wie sich Kinder und Berufsleben für beide gewährleisten lassen, ohne dass ihre Seelen oder Beziehungen zerbrechen. Junge Akademiker müssen halt damit klarkommen, dass der Arbeitsmarkt nicht gerade auf sie wartet. Junge Menschen mit türkischem oder arabischem Migrationshintergrund müssen der Gesellschaft nur lange genug selbst beweisen, dass sie mitmachen wollen, dann hört die Diskriminierung schon auf. Und das ist nur der Anfang. Christoph Butterwegge spricht von einem »Trend zur Reprivatisierung sozialer Risiken«. Totgeschwiegen werden die Probleme, die es gibt, nicht – wir leben ja im Kommunikationszeitalter. Es ist aber unser Problem, wie wir sie lösen.

Die unendliche Spirale der Selbstzweifel

Wir sind das aber längst gewöhnt, wir kennen es nicht anders. Und ohnehin empfinden wir Kinder der bürgerlichen Mitte die Unwägbarkeiten der individuellen Lebensgestaltung als die schwerste Last, inklusive aller Entscheidungen hinsichtlich Karriere- und Sexualpartnerwahl. Andauernd klärt man uns über die kleinen und großen, privaten, wirtschaftlichen und sozialen Schwierigkeiten, die uns erwarten, auf. Beruflich spezialisieren muss man sich heute, und zwar so früh wie möglich, am besten noch vor dem Abitur, am besten hätte man sich sogar schon im Kindergarten spezialisieren sollen. Aber dabei ist es natürlich auch von größter Wichtigkeit, flexibel und wandlungsfähig zu bleiben. Kinder soll man bekommen, um das private Glück und den Fortbestand der Deutschen und deren Bruttosozialprodukt zu sichern, aber nur, wenn man diesen Kindern auch das sogenannte Etwas bieten kann – Reisen, die beste Bildung und ein paar kostspielige Hobbys zum Beispiel –, sonst ist es auch wieder asozial. Und obwohl es natürlich schon gewisse Dinge gibt, die man »getan haben sollte«, soll bloß niemand glauben, es gebe einen sogenannten Königsweg.

Nichts scheint sicher, und das gilt nicht nur für die

Entwicklung der Märkte: Auch in die eigene Urteilskraft, die zukünftige Zahlungsfähigkeit, ganz zu schweigen vom Sozialversicherungsstatus können wir kein Vertrauen legen. Wann ist es die große Liebe, soll ich einen Kredit aufnehmen, gibt es ein Leben nach der befristeten Scheinselbstständigkeit? Unzählige Ratgeberbücher und Magazinartikel, die an meine Generation adressiert sind, werfen die immer gleichen Fragen auf. Unzählige Blogger und Bloggerinnen thematisieren das, was ältere Menschen oder arme Menschen oder bodenständige Menschen »Luxusprobleme« nennen würden, den Katalog der modernen Ängste junger Menschen:

- Angst, etwas zu verpassen, Angst, etwas zu verlieren.
- Angst, das Falsche studiert zu haben, Angst, zum Studienabbrecher zu werden. Angst vor dem Leben nach dem Studium, Angst vor der Existenz des Langzeitstudenten.
- Angst, dass das Leben verpfuscht ist, weil man keinen Gymnasialabschluss hat, Angst, dass es besser gewesen wäre, etwas Handfestes zu lernen.
- Angst, ein Dauerpraktikant zu werden, Angst, dass es vielleicht genau auf dieses eine Praktikum noch ankommt.
- Angst, im falschen Job zu landen, Angst, gar keinen Job zu finden.
- Angst vor dem Chef, Angst, jemand zu sein, der Angst vor dem Chef hat.
- Angst, zu viel zu reden, Angst, zu wenig zu sagen.
- Angst, unangenehm aufzufallen, Angst, gar nicht aufzufallen.

- Angst vor der nächsten Anstellung, die wieder nur befristet ist, Angst vor gar keiner Anstellung. Angst vor zu viel Arbeit, Angst vor zu wenig Arbeit.
- Angst vor instabilen Verhältnissen, Angst vor der Mühle.
- Angst vor der Herausforderung, Angst, niemals eine Herausforderung gestellt zu bekommen. Angst aufzufliegen, Angst, nie zum Zug zu kommen.
- Angst zu scheitern, Angst vor dem Erfolg.
- Angst vor Stresssyndromen, Sehnenscheidenentzündung, Bandscheibenvorfall, Angst vor zu viel Spaß, Genusssucht, Anschlussverlust.
- Angst vor dem Burn-out, Angst vor dem Bore-out.
- Angst vor der Kostenexplosion, Angst vor der Gehaltsverhandlung, Angst, dass es gar nicht zu einer Gehaltsverhandlung kommt.
- Angst davor, sich festzulegen, Angst davor, niemals anzukommen.
- Angst vor der finanziellen Abhängigkeit, Angst vor der finanziellen Unabhängigkeit.
- Angst davor, schwanger zu werden oder schwanger zu machen, Angst davor, niemals ein Kind zu bekommen.
- Angst, zu werden wie unsere Eltern, Angst, weniger zu schaffen als unsere Eltern.
- Angst davor, spießig zu werden, Angst davor, niemals eine Immobilie kaufen zu können.
- Angst vor der Zeitverschwendung, Angst davor, es niemals probiert zu haben.
- Angst vor den Pornos, die sich alle Männer angucken, Angst davor, unlocker zu wirken, weil man Pornos scheiße findet.

- Angst, als Schlampe rüberzukommen, Angst, nicht sexy genug zu sein.
- Angst, verlassen zu werden, Angst, dass es langweilig wird.
- Angst, wie ein Weichei zu wirken, Angst, dass man sich wie ein Arschloch benimmt.
- Angst, eine Abfuhr zu bekommen, Angst, die wahre Liebe zu verpassen.
- Angst zu versagen, Angst, es nie probiert zu haben.
- Angst vor der globalen Erwärmung und Erdölknappheit, Angst vor Sturzfluten und Hungersnöten, Angst, dass Reisen so teuer wird. Angst davor, erwachsen zu werden, Angst davor, niemals richtig erwachsen werden zu können.

Es bilden diese Ängste eine unendliche Spirale der Selbstzweifel. »Dieses globale Schlechtfühling, bei dem man nie weiß, woher das kommt oder was das soll«, schreibt jene moderne Chronistin ihres Lebensgefühls »Happy Schnitzel«. Das Luxuriöse dieser Probleme ist unbestreitbar, es liegt darin, dass sie von dem, was wir als das »Wesentliche« verstehen, abweichen und dass sie weder politisch noch praktisch wirklich lösbar sind. Es sind Probleme, die ihren Besitzern sehr echt und sehr dringend vorkommen, die aber natürlich von einer großen Menge Leute leicht beantwortet werden können: Wann es die große Liebe ist, weiß man nie. Nimm doch einfach einen Kredit auf, und sei froh, wenn du überhaupt kreditwürdig bist. Und ganz ehrlich, ein befristeter Job ohne Sozialversicherung ist immer noch besser als Hartz IV. Heul doch.

Es hängt alles von dir ab, aber beeinflussen kannst du es nicht

Es ist aber auch wirklich zum Heulen: Die Art und Weise, wie der Mensch in den letzten Jahrzehnten von der Politik, den Medien und dem Ausbildungssystem imaginiert wird, hat diesen zu einem völlig vereinzelten Wesen gemacht, von dem vor allem Eigeninitiative und guter Wille verlangt werden. Dieser Mensch ist aber als Individuum immer weniger in der Lage, auf einer höheren Ebene irgendetwas zu beeinflussen, es sei denn, er zählt zu den sogenannten Topakteuren der Wirtschaft, ausdrücklich nicht der Politik. Die Anforderungen an ihn verändern sich andauernd, sie steigen vor allem – doch die Mündigkeit schrumpft.

Ein gutes Beispiel dafür ist die Hochschulreform der letzten Jahre, die in erster Linie darin besteht, Studentinnen und Studenten mehr Pflichtveranstaltungen vorzuschreiben und dabei ein schnelleres Lerntempo zu verlangen. Am Ende kommt dabei ein Bachelor-Abschluss heraus, der sehr gut sein muss, damit der Absolvent oder die Absolventin sich wiederum für ein weiterführendes Studium qualifizieren kann. Ohne ein solches ist das Studium nämlich noch nicht viel wert. Denn auch wenn man angeblich viel früher mit ihm fertig geworden ist – an den Hochschulen gilt ein Bachelor nicht als wissenschaftliche Qualifikation, und auch bei den potenziellen Arbeitgebern in der freien Wirtschaft führt dieser Abschluss allem Vernehmen nach nicht gerade zu Begeisterung oder Festanstellungen. Im Gegenteil – jetzt heißt es, die Bewerber seien alle zu jung, zu wenig qualifiziert und zu verschult.

Der französische Philosoph Gilles Deleuze schrieb in seinem Essay »Postskriptum über die Kontrollgesellschaft«, in dem er auf Michel Foucaults Überlegungen zur Disziplinargesellschaft in dessen Buch *Überwachen und Strafen* aufbaut, dass man in der Kontrollgesellschaft nie mit irgendetwas fertig wird: mit der Selbstverbesserung, mit der Verwaltung des Onlinebanking-Accounts, mit der E-Mail-Korrespondenz, mit der Altersvorsorge, mit den Folgen der letzten Krise. Es kommt immer noch etwas dazu, aber es ist kein Zustand in Aussicht, der als schön oder wenigstens stabil zu bezeichnen wäre. Es sind, in jeder nur möglichen Hinsicht, postoptimistische Zeiten, in denen meine Generation erwachsen geworden ist. Kein Wunder, dass sie so von Ängsten und Zweifeln geplagt ist. Man kann sagen, der Lebenstauglichkeitsdiskurs des frühen 21. Jahrhunderts ist darauf ausgerichtet, den Menschen zu einem verzagten und nervösen Wesen zu formen. Der Erwachsene soll in der Lage sein, sich um alles zu kümmern, er soll sich genug anstrengen, damit er vorankommt, aber ja nicht zu viel erwarten. Es hängt alles vom Einzelnen ab – doch der Einzelne kann nicht viel erreichen. Ja, nicht einmal mächtige Politiker, die Staaten – also ganze Verbünde von Individuen – vertreten, sind in der Lage, noch viel zu erreichen, so vermitteln die Akteure das zumindest, wenn es um Wirtschafts- und Klimakrisen geht. Selbstbestimmung, individuelle Souveränität werden auf diese Weise gleichzeitig überhöht und unterhöhlt. Das ist das äußerst ambivalente Menschenbild, mit dem meine Generation groß geworden ist.

Angst als Grundhaltung ist kein Luxusproblem

In seinem Roman *Freiheit,* einem Generationenroman, schreibt Jonathan Franzen aus der Perspektive einer Mutter, die das Erwachsenwerden ihrer Kinder beobachtet, »sie fanden die Welt beängstigender, das Erwachsenwerden härter und weniger erstrebenswert«. Franzen wurde 1959 geboren, ein Jahrgang, der zu den sogenannten Babyboomern gehört, die Generation mit den sonnigsten Zukunftsaussichten, die irgendwie doch an so vielem schuld ist, was heute schlimm ist. *Freiheit* ist im Jahr 2010 weltweit erschienen und handelt unter anderem von »Handlungsmacht«, von der Fähigkeit also, das eigene Leben und das, was man davon will, in die eigene Hand zu nehmen. Es geht darin mehr um die Gegenwart und die Vergangenheit als um die Zukunft, und es geht auch nicht einmal in zweiter Linie um die spezifischen Aussichten junger Menschen von heute. Aber in diesem einen Satz fasst Franzen dann doch alles zusammen: Es sieht heute grauer und gruseliger aus, wenn man nach vorne schaut, und wir tun uns schwerer damit zu wissen, was genau wir *tun* können. Es ist für meine Generation im privaten Sinn schwerer geworden, das Erwachsenwerden als eine gewünschte Entwicklung zu begreifen, die man eher vorantreibt als aufhält. Verantwortung und Sorge für andere ist etwas, das man nicht selbstverständlich übernimmt, sondern etwas, weswegen man sich ständig einer peinlichen Selbstbefragung unterzieht. Reicht es nicht, dass wir schon für uns selbst verantwortlich sein müssen?

Angst ist der Hauptantrieb meiner Generation, Skepsis ist ihre Grundhaltung. Und das ist wirklich ein Problem und hat nichts mit Luxus zu tun. Das Problem sind nicht Hunderttausende Pessimisten oder dass hier eine Kohorte von nachdenklichen und hyperbewussten Hängern heranwächst. Doch beurteilten zum Beispiel in der großen *Neon*-Umfrage von 2009 fast drei Viertel der 18- bis 35-Jährigen die Stimmung in Deutschland als »ängstlich«, »pessimistisch« oder »resigniert«. Dass sich nur knapp 40 Prozent selbst so beschrieben, sagt nicht viel über unsere Perspektiven: Denn paradoxerweise zwingt die spezifische Angst unserer Zeit uns zum positiven Denken. Weil es ja ohnehin das Einzige ist, was man wirklich tun kann. Möglicherweise weist meine Altersgruppe einen überproportional hohen Anteil an jungen Lebemenschen auf, das lässt sich statistisch kaum belegen. Aber es herrscht ja wahrhaftig kein Mangel an aufgeweckten jungen Männern und Frauen, die sich selbst als »zupackend« bezeichnen würden, an nassforschen Strebern, Duckern und Tretern. Das kann jeder bestätigen, der schon mal mit selbst ernannten Orga-Queens in einer Projektgruppe arbeiten musste oder mit dem ominösen »Ich will hier einen Fuß in die Tür kriegen«-Kopraktikanten zu tun hatte. Letztlich sind auch diese Menschen Produkte der Angst. Nur produziert sie sonst nicht viel, sie lähmt. Je mehr Zeit man damit verbringt, sich mit den eigenen Ängsten und den möglichen Nachteilen des eigenen Handelns auseinanderzusetzen, desto enger ist der eigene Handlungsspielraum, das Potenzial, über die eigenen Interessen hinauszudenken.

Es geht nicht um die Familie der Ängste, die in den Medien immer beschrieben und dadurch miterzeugt werden: Wir sind jung, selbstverständlich fürchten wir weder Vogel- noch Schweinegrippe. Wir leben im demokratischen Westen, also fürchten wir uns nur pro forma vor Terrorismus und vor dem staatlichen und privatwirtschaftlichen Aufsaugen unserer Daten. Im Herbst 2010 rief der deutsche Bundesinnenminister eine Terrorwarnung aus, die monatelang gültig war. Das führte dazu, dass plötzlich auf allen öffentlichen Plätzen mit Terroranschlagsrelevanz schwer bewaffnete Sicherheitskräfte aufgestellt wurden. Eines Abends stellte ich auf meinem Heimweg fest, dass die Berliner Polizei den U-Bahnhof Hermannplatz gesperrt hatte. Niemand sagte, warum dies geschah, auf der Straße bildete sich ein stark genervter, aber sehr unaufgeregter Pulk. Eine junge Frau fragte mich im Vorbeigehen: »Hast du 'ne Ahnung, wat hier los is?« Ich meinte: »Offenbar Terrorwarnung oder so.« »Hat wohl wieder irgendwer seine Tüte liegen lassen«, antwortete sie und trat kopfschüttelnd ihren Heimweg zu Fuß an. Später am Abend sah ich, dass ein neues Video zum Trendposting auf Facebook geworden war: »Wir haben keine Angst.« Darin erklärten diverse internetaktive Individuen per Videobotschaft, dass sie keine Angst vor Terrorismus hätten, aber davor, dass ihre Bürgerrechte eingeschränkt würden. Es war ein merkwürdiges Manifest, das da produziert wurde: Man setzte ein lautstarkes, aber folgenloses Zeichen gegen die Bekämpfung einer Bedrohung, von der zu diesem Zeitpunkt niemand wirklich sagen konnte, ob sie echt war oder Folgen haben würde. Und statt von Freiheiten und Rechten zu sprechen, ging es wieder nur um dieses eine Wort: Angst. So sorgte die meistbeachtete Reaktion meiner Generation auf das Thema »Überwachung und Sicherheitspolitik Ende 2010« im Endeffekt nur für ein unterhaltsames Selbstdarstellungsspektakel. Aber vielleicht musste das einen nicht wundern, denn in Wahrheit empfinden nur ausdrücklich streng links oder rechts orientierte Mitglieder meiner Generation den Datenhunger des Staates als wirklich bedrohlich. Wir lachen eher darüber: Einmal berichtete mir zum Beispiel eine Kollegin, dass ihre letzte Yogastunde in einem Fitnessstudio von einem Security-Typen unterbrochen worden war, »mitten im Omm!«, und auf einmal alle Studiobesucher in ihren Jogginghosen auf der Straße standen. »Ich sah echt aus wie der letzte Aso in meiner Jogginghose«, lachte die Kollegin. Es war vollkommen logisch und keineswegs irritierend, dass sie sich weniger Gedanken um die potenzielle Gefahr eines möglicherweise anwesenden Terror-Asos gemacht hatte als um die öffentliche Wirkung ihrer Yogagarderobe. Denn letztendlich hatte natürlich bloß irgendwer mal wieder seine Sporttasche zu lange herumstehen lassen.

Die fetten Jahre sind vorbei

Nein, Angst davor, dass die Welt von einer radikalislamischen Explosion in Stücke gerissen wird, haben wir wirklich nicht. Wir haben eher Angst, dass sich am Zustand der Dinge niemals irgendetwas grundsätzlich verbessern wird – dass Atomkraftwerke weltweit abgeschaltet werden oder dass radikalislamischen Terroristen irgendwann keine Gründe mehr für Bomben einfallen könnten, zum Beispiel. Wir haben gesellschaftliche Angst als Folge eines grundsätzlichen Vertrauensverlustes. Wie schnell ist der letzte globale Hoffnungsträger, auf den wir uns einigen konnten, in unseren Augen zu einer weiteren Machtpuppe verkommen? Nach Barack Obama wird uns niemand mehr so schnell aus unserer postoptimistischen Resignation reißen können. Und auch in der Wirtschaft, die ja so lange als Heilsbringerin falsch verstanden wurde, gerade von meiner Generation, sehen wir nichts mehr zu holen: In der großen *Neon*-Umfrage von 2009 gaben 58 Prozent der Deutschen zwischen 18 und 35 an, die Finanzkrise habe sie »misstrauisch gemacht gegenüber der Wirtschaftspolitik und ihren Experten«. Fast 80 Prozent sagten übrigens über ihre Gesamtaussichten, dass die Krise unser Leben noch zwei Jahre oder länger beeinflussen werde.

»Die fetten Jahre sind vorbei«, wie der Titel eines deutschen Films heißt, der vor ein paar Jahren von einem jungen Regisseur gedreht wurde. Aber nicht nur das. Die mageren Zeiten haben längst angefangen.

Man muss sich nur einmal vor Augen halten, dass junge, intellektuelle, kreative oder unternehmerische Menschen früher nach Paris gingen, nach London oder nach New York. Es gab mehrere Großstädte, in denen man seinen Weg machen konnte, und man konnte das auch, ohne »kreativ« und »intellektuell« zu sein. Heute sind all diese Städte zu teuer. Nach New York zu gehen ist eigentlich nur noch möglich, wenn man fähig ist, sehr viel Geld aufzubringen, oder jemanden kennt. In London kann man nur überleben, wenn man bereit ist, sehr viel zu arbeiten oder sehr hohe Summen als Kredit aufzunehmen.

Junge Menschen auf der ganzen Welt wollen heute: nach Berlin. Ausgerechnet diese Stadt, deren Kluft zwischen privatem Reichtum und öffentlicher Armut schon heute an ein Entwicklungsland erinnert, in der sich wenig verbessert außer dem Gastronomieangebot und den Mieteinkünften von Immobilieneigentümern, ist der wichtigste Anziehungspunkt für junge Menschen geworden. Kein Engländer versteht heute, warum noch irgendwer nach London kommt: »It's dead«, das sagen alle – zu teuer, zu materialistisch, zu verkommen. Aber dieses große graue Stadtungetüm, Berlin, ohne Meer, ohne nennenswerte Wirtschaftszweige, ohne Wachstumschancen – das ist *die Stadt* meiner Generation. Der Grund: Es ist der einzige interessante Ort in der westlichen Hemisphäre, an dem man auch mit wenig Geld noch ganz gut über die Runden kommen kann. Hier haben die fetten Jahre nie wirklich angefangen, hier wurschtelt man sich durch magere Zeiten und lenkt sich mit der gelegentlichen Hauptstadtdepression ab, bis man wieder zurück nach München, Stuttgart oder Sydney geht. Das Versprechen dieser Stadt an ihre Zuzieher heißt eben nicht: Wenn du es hier schaffen kannst, schaffst du es überall. Das Versprechen lautet: Wenn du es schaffst den Winter zu überstehen, ist der Sommer richtig geil.

Generation Praktikum

Wenn es schon nicht besser wird, dann soll es wenigstens auch nicht schlimmer werden – von daher dieser Wunsch nach Beständigkeit und unsere Angst vor Konflikten, Kämpfen, Konfrontationen. Wenn wir nicht mehr »Gemeinsam schaffen wir alles« denken dürfen, dann wenigstens »Wenn ich es nur will, dann schaffe ich es auch«. Wenn uns die Welt schon andauernd lehrt, dass man es eigentlich nicht richtig machen kann, dann investieren wir eben umso mehr Energie in das Projekt, bloß nichts falsch zu machen.

Das ist nicht der einzige Grund, aber es ist ein wichtiger Grund, warum meine Generation auch als »Generation Praktikum« bezeichnet wird. Weil sie vor lauter Angst, gar keinen Platz in der Wirtschaftsordnung zu finden, auch einen inhaltlich und finanziell kaum anerkannten Platz dankend annimmt. Weil so viele ihrer Mitglieder sich über die Verhältnisse und Mechanismen der »Erwachsenen«-Welt so anhaltend im Unklaren sind, dass sie das Erwachsensein immer noch hinausschieben. Weil sie viel Angst vor Ablehnung haben, dass sie sich viel zu oft von Arbeitgebern einreden lassen, dass sie immer noch nicht qualifiziert genug für eine echte Stelle wären, und sich noch mal eine Runde ausbilden lassen. Weil sie lieber das »kleine bisschen Sicherheit« einer zehnjährigen Ausbildungsphase (Studium, Promotion, noch ein Praktikum, noch ein Volontariat) annehmen, sich in den Unterhaltszahlungen ihrer Eltern »wiegen« (falls die sich das leisten können), statt auf Risiko zu gehen: Die Angst, dass es schiefgehen könnte, ist einfach größer als die Hoffnung, dass es gut geht.

Häufig mit Silbermond verwechselt wird ja die »andere junge deutsche Band«, Juli. Deren größter Hit heißt »Geile Zeit«. Auch wenn die Band möglicherweise etwas ganz anderes damit meinte, etwas Persönlicheres womöglich, mache ich jede Wette, dass die Mehrheit der Menschen, die dieses Lied mitgrölen, es als das hört, wonach es klingt: eine unverbrämte Hymne an die Nostalgie. Der Text geht so:

> »Wo ist das Licht, wo ist dein Stern?
> Er fehlt, er fehlt hier.
> Du fragst mich, wo er geblieben ist.
> Wird alles anders, wird alles anders, wird alles anders?
>
> Ja, ich weiß, es war 'ne geile Zeit,
> hey, es tut mir leid,
> es ist vorbei.«

Dieses Lied ist das Lied zum Retrotrend in unseren Altbauwohnungen und zu der Vorliebe, die Avantgardisten in den letzten Jahren für Platten- und Neubauten entwickeln. Es ist eine Elegie auf die Zeit, in der man uns noch nicht mit dem Erwachsenwerden belästigte, als der Klimawandel nicht jeden Abend in Form irgendeiner Naturkatastrophe in der »Tagesschau« übertragen wurde, sondern eben von »Palmen am Chiemsee« gesprochen wurde, eine Zeit, in der wir viel gelobt wurden und uns um nichts kümmern mussten, nicht um Versicherung oder Verantwortung.

Beide Lieder, »Irgendwas bleibt« und »Geile Zeit«, sind Schlager des jungen deutschen Pop. Damit gehören sie zum kulturellen Kanon meiner Generation, ob Menschen mit einem verfeinerten Musikgeschmack das nun gut finden oder nicht. Diese beiden Lieder machen, was Pophits angeht, alles richtig. Sie sind, unter musikalischen Aspekten, hochgradig eingängige und absolut öde Lieder. Wir sollten von diesen Liedern lernen, die uns so gut gefallen haben: Es ist vorbei. Zeit, mal was falsch zu machen. Gerade weil nichts sicher scheint. Denn auch wenn nichts besser werden sollte, anders wird es. Wie es anders wird – dafür sind wir direkt verantwortlich, ob wir das jetzt geil finden oder gerecht oder nicht.

Inscene yourself*

Karriere, Leistung und warum
Pragmatismus nicht ausreicht

*Karstadt

Im Großen und Ganzen sind wir eine Generation von Strebern. An uns werden viele Erwartungen gestellt – und wir sind die Letzten, die diese Erwartungen enttäuschen wollen. Wir sind flexibel und leistungsbereit, sagt man über uns, und es ist lobend gemeint. Doch was erfahren wir aus einer solchen Beschreibung schon, außer dass viele von uns offensichtlich eine Riesenangst davor haben unterzugehen, wenn sie sich nicht an die vermeintlichen Lebenslauf- und Lebenstempovorgaben der Gesellschaft halten? Hinter Leistungsbereitschaft und Flexibilität stehen keine Werte, keine Zielvorstellungen, keine Ideen. Es sind absolut leere Eigenschaften.

Eine Generation flattert mit den Ellenbogen

»Leistungsbereitschaft, Engagement und eine Orientierung an den konkreten und naheliegenden Problemen prägen die Grundhaltung dieser Generation.« So schreiben das die Autoren der Shell-Jugendstudie 2006 in ihrer Einleitung und begründen damit das Etikett, das sie für die damals 15- bis 25-Jährigen, also heute 20-

bis 30-Jährigen, gewählt haben: die *pragmatische Generation*. Das Gabler Wirtschaftslexikon definiert Pragmatismus als »im weitesten Sinne weltanschauliche, im engeren Sinne erkenntnistheoretische Position, die den Wert von Handlungen oder Erkenntnissen anhand ihres praktischen Nutzens bemisst«. Und: »Im erkenntnistheoretischen Bereich läuft der Pragmatismus auf eine Reduzierung von Wahrheit auf (momentane) Nützlichkeit hinaus.« Das klingt nicht besonders stürmend und drängend, kreativ, verwegen oder mutig. Es klingt eher quadratisch, praktisch, gut. Es lässt an Hausratsversicherungen (die heute oft mit halb coolen Mittzwanzigern Werbung machen) und Rauchverbot denken – dessen totale Durchsetzung in Bayern übrigens durch die Bürgerinitiative eines Vertreters meiner Generation, des 1981 geborenen Sebastian Frankenberger, erreicht wurde.

Wenn das mit dem Pragmatismus stimmen sollte, dann ist klar: Das Kosten-Nutzen-Kalkül spielt bei den Entscheidungsfindungen dieser Generation die Hauptrolle. Was wohl kaum jemanden verwundern dürfte, denn die Frage »Was bringt es mir, wenn ich das tue?« stellen sich die meisten von uns häufiger als die Frage: »Ist das, was ich tue, moralisch oder politisch richtig?« Beim Lesen wird sich jetzt vielleicht der oder die eine oder andere fragen, wo denn dabei das Problem sei. Das ist ja auch die logische, naheliegende Frage, und wir sind mit Sicherheit nicht die Ersten, die sie sich stellen. Doch sind wohl zu keiner Zeit im öffentlichen und privaten Leben andere Fragestellungen so sehr zur Seite gedrängt worden wie heute. Nicht, dass marktorientiertes Denken an sich vollkommen verwerflich wäre oder zum totalen Verlust der Moral führen muss. Aber je mehr wir unsere Ideen- und Gedankenwelt ökonomischen Kriterien unterordnen, desto enger wird es in ihr. Denn dann ergibt sich schnell die logische Schlussfolgerung, dass sich kein Engagement lohnt außer dem, das direkt oder indirekt dem eigenen Fortkommen dient. Dass Ideen nur dann etwas wert sind, wenn sie sich auch in harte Währung umsetzen lassen. Dass ein Projekt erst dann zählt, wenn es auch in irgendeiner Form Umsatz macht.

Die Shell-Jugendstudien erscheinen alle vier Jahre, sie dokumentieren die Werte und Mentalitäten der jeweils aktuell 15- bis 25-Jährigen in Deutschland. Schon in der Ausgabe von 2002 hatten die Autoren des Berichts den Pragmatismus als das entscheidende Charakteristikum der jungen Generation bezeichnet, was sich im Kern aus zwei Beobachtungen speiste: Einerseits haben ihre Mitglieder eine relativ trübe Sicht auf die Gesellschaft und den Arbeitsmarkt. Andererseits verfallen sie größtenteils deshalb nicht gleich in Resignation, sie streben aber auch keine Veränderung der Gesellschaftsordnung an. Die Gesellschaftsordnung kann ihrer Meinung nach ruhig so bleiben. Statt den ganzen Laden zu verbessern, arbeiten sie lieber an ihrem persönlichen Angebot. Individuelle Selbstoptimierung ist die Zauberformel, auch wenn eigentlich niemand so richtig sagen kann, was das genau heißen soll. Wir haben das Gebot des Neoliberalismus, dass jeder Mensch für die Wahrung seiner Interessen ganz allein zuständig ist, schon in der Frühsozialisierung komplett verinnerlicht. Zwei Drittel der

Studierenden glaubten am Ende des letzten Jahrzehnts nicht daran, dass in der deutschen Gesellschaft alle Menschen dieselben Aufstiegschancen haben, so kann man es im Studierendensurvey nachlesen. Weil sie aber auch nicht daran glauben, dass gemeinsames Handeln etwas an dieser Chancenungerechtigkeit ändern könnte, heißt das Kommando eben: Auf sich selbst schauen! Ellenbogen anwinkeln! Uuuuund ausgefahren! Soldaten der eigenen Sache sollen wir sein – aber weil uns das Kämpfen so leicht dann doch nicht fällt, kommt oft genug nur ein hilfloses Ellenbogenflattern bei diesen Manövern heraus. Hauptsache erst mal, man hat alles für die eigene Chancenoptimierung getan.

Das Ende der Solidarität

Der viel zitierte Pragmatismus meiner Generation ist eigentlich nur ein netterer Ausdruck für ihre Entsolidarisierung. Diese lässt sich seit Jahren in der deutschen Gesellschaft beobachten, wie man etwa in den Bänden der soziologischen Langzeitstudie *Deutsche Zustände* von Wilhelm Heitmeyer nachlesen kann. Für meine Generation ist das Wort »Solidarität« kein lebender Begriff. »Solidarität« gilt ihr nicht als das konkrete Grundprinzip einer stabilen Gesellschaft, sondern ruft Assoziationen von SDS und Rudi Dutschke hervor, das scheinbar staubige Vokabular linker Aktivisten eben. In den Kneipen von Berlin-Neukölln oder im Münchner

Westend hängen ja immer diese Werbezettel für Soli-Partys, für Mumia Abu-Jamal, für Flüchtlinge, für Afghanistan. Dem Aufkommen der Veranstaltungen und Flyer nach zu urteilen fühlt sich aber der Durchschnitt des Ausgehvolkes eher von Pornopartys als von Solidaritätskonzerten angesprochen. Solidarität im Sinne des Zuschlags, der für die Eingliederung der ehemaligen DDR in die Bundesrepublik zu zahlen ist, interessiert die wenigsten Wessis meines Alters, weil die Wende für sie nicht lang genug her ist, um als bedeutsames historisches Ereignis zu zählen, aber auch nicht spät genug stattfand, um sich in der eigenen Erinnerung verankert zu haben. Solidarität zwischen Arbeitgeber- und Arbeitnehmerschaft haben viele von uns noch nie erfahren – sondern stattdessen Scheinselbstständigkeit, niedrige Einstiegsgehälter, Umsonstarbeit, befristete Verträge und stagnierende Löhne. Solidarität mit Kolleginnen und Kollegen kennen nur diejenigen, die in Gewerkschaften sind, und die Gewerkschaften haben seit Jahren Nachwuchsprobleme. Schließlich besitzt die Solidarität als Grundeinstellung in internationalen Fragen für die besser gestellten Mitglieder meiner Generation nicht allzu große Relevanz, auch wenn sie sich vielleicht selbst als linksliberal oder grün bezeichnen würden, weil: Hängen wir nicht alle in der Globalisierung drin? Wollten wir uns beispielsweise mit den Kinderarbeiter_innen in Bangladesch solidarisieren, wir müssten die regelmäßigen Ausflüge nach H & M-Land oder Topshophausen aufgeben. Wollten wir uns mit den Opfern des Bürgerkriegs im Kongo solidarisieren, wir müssten anerkennen, dass unsere Kommunikationssucht, die nur mit Coltan befriedigt werden kann, eine Ursache für das anhaltende Grauen dort ist. Und das würde uns ja erst mal nicht so viel bringen.

Unbestreitbar gibt es zahlreiche Ausnahmen. In Berlin erlebte ich zum Beispiel, wie Tausende Menschen spontan auf die Straße gingen, nachdem ein junger Linksalternativer in den frühen Morgenstunden von einer Gruppe Neonazis in Friedrichshain verprügelt worden war. Gerade im Norden und Osten Deutschlands ist es für Menschen meiner Generation durchaus üblich, auch mal in eine Nachbarstadt zu fahren, um die Anwohner dort zu unterstützen, wenn es um Demonstrationen gegen Neonazis geht. Abgesehen davon engagieren sich Tausende junge Menschen in linken Gruppierungen, in Menschenrechtsorganisationen oder ehrenamtlich für benachteiligte Gruppen in ihrer Stadt. Ich möchte diese Menschen nicht abwerten oder infrage stellen. Vor allem linke und autonome Aktivisten – die ja in den Medien mehr oder weniger ignoriert werden, wenn sie nicht gerade was anzünden oder sich mit Polizisten prügeln, und in diesem Buch ja eigentlich auch – benutzen das Wort »Solidarität« mit großer Selbstverständlichkeit, wenn sie zu Kundgebungen aufrufen oder Konzerte und Veranstaltungen zugunsten von Antirassismusarbeit organisieren. Ich kenne sogar solch exotische junge Wesen, die sich in ihrer Freizeit damit beschäftigen, wie man etwa Frauen in Afghanistan unterstützen kann oder die Ausbeutung von Kindersoldaten in Kriegsgebieten verhindern. Solidarität entsteht auch in den ländlichen Regionen, wenn sich junge Menschen bei der freiwilligen Feuerwehr, im Fußballverein oder im Kirchenchor engagieren. Und auch bei urbanen Kreativkarrieristen ist das moralische Kalkül nicht ausgestorben, sonst gäbe es nicht so viele Vegetarier und Veganer unter uns, von denen man freilich oft genug als Begründung ihrer Esskultur hört: »Mir geht es einfach besser damit.«

Trotz allem ist es eine Tatsache: Solidarität als Wert war schon lange nicht mehr so unpopulär in Deutschlands junger Bildungsmittelschicht wie heute. Das trifft insbesondere zu, wenn es um die Gesellschaft, in der wir leben, geht. Zu diesem Ergebnis kommen alle empirischen Studien, die sich mit den Werten und Einstellungen dieser Generation befassen: Die Verfasser der Rheingold-Studie »Jugend 2010« schreiben etwa: »Den Opfern und Verlierern der Gesellschaft wird nicht Solidarität entgegengebracht, sondern Verachtung und Schmähung – selbst von Jugendlichen, die sich selbst als eher links oder als solidarisch charakterisieren. Denn diese rigide Distanzierung ermöglicht es ihnen, die Illusion eigener Kontrolle über das Lebensschicksal aufrechtzuerhalten.« Auch der Studierendensurvey der Universität Konstanz stellt fest, dass ein großer Teil der Befragten jenen politischen Zielen die geringste Priorität beimisst, die mit Solidarität zu tun haben: der Gleichstellung der Frau in Beruf und Gesellschaft und der Unterstützung der Entwicklungsländer. Als besonders wichtig empfinden dafür umso mehr von ihnen die »Abwehr kultureller Überfremdung« und die »Begrenzung der Zuwanderung von Ausländern«. Es gibt gute Gründe dafür, dem Zustand der Entwicklungshilfe skeptisch gegenüberzustehen, aber dass eine derartig wohlhabende Generation wie die der Studenten der Nullerjahre nicht mit öffentlichen Mitteln helfen will, ist schon unheimlich. Als ich Ernst Bargel, der die Studie konzipiert hat und seit den Achtzigerjahren durchführt, in Konstanz traf, lautete auch seine Einschätzung: »Die Haltung vieler junger Studierter gegenüber der Gesellschaft ist tendenziell sehr utilitaristisch.« Das heißt, kurz gesagt: Wir empfinden das als gut, was besonders nützlich erscheint. Übrigens ist Utilitarismus eine moralphilosophische Position. Per se ist die »Was bringt mir das«-Logik also mitnichten unmoralisch. Ein guter Utilitarist weiß aber auch, dass sie nicht ausreicht.

Vielleicht muss man sich Solidarität leisten können. Das ist es jedenfalls, was die Propheten aus der Wirtschaftswissenschaft immer wieder verkünden, zum Beispiel wenn es um den Länderfinanzausgleich in der Bundesrepublik geht. Aber in unserem Fall ergibt das keinen Sinn, wenn man annimmt, dass kein Mensch sich eine Haltung kaufen muss.

Was ist an die Stelle der Solidarität in unserem Mentalitätsgefüge getreten? Die Leistungsethik. Nicht »gemeinsam sind wir stark«, sondern »ich und meine Ellenbogen, wir packen das schon«. In unserer Sprache halten wir nicht zusammen, sondern bilden Teams.

In meiner Generation ist es üblich, jeden für das eigene Schicksal allein verantwortlich zu machen. Man kann das schon so sehen. Aber die Frage ist, ob wir wirklich in einer Gesellschaft leben wollen, die so denkt. Wer in den Neunzigerjahren aufwuchs, für den sind Ellenbogenmentalität und Heuschreckenkapitalismus alte Bekannte – zumal wer die Folgen der Wende in den neuen Bundesländern erlebte. Es spricht ja nichts dagegen, sich so gut wie möglich anzustrengen, sein Bestes zu geben und so weiter. Es spricht aber etwas dagegen zu glauben, dass die einzige Verhaltensmöglichkeit das individuelle Leisten ist, für die man maximal mit ein paar erweiterten Konsumoptionen belohnt wird. Zumal gerade in der Mittelschicht die Erfahrung immer häufiger die ist, dass auch die ausgeprägteste Leistungsbereitschaft nicht zwangsläufig für Sicherheit sorgt – und dauernde Leistungsbereitschaft krank macht.

Ellenbogen raus

Ich möchte nicht sagen, dass meine Generation überhaupt kein Mitgefühl kennt, dass ihr die Armen und Entrechteten egal sind. Aber ähnlich wie bei Obelix, der in den Zaubertrank fiel und per Osmose zum stärksten Gallier der Welt wurde, haben wir die Herzlosigkeit und die kühle Rationalität unserer Zeit schon seit der Jugend so stark verinnerlicht, dass uns Idealismus wie Kinderkram vorkommt. Wir haben vielleicht ein bisschen zu früh begriffen, dass die Welt nicht gerecht ist und auch nicht dadurch gerechter wird, dass wir uns politisch engagieren. Wir haben eventuell zu viele Antiglobalisierungsproteste mitbekommen oder miterlebt, die entweder in albernen Performanceaktionen – Street Theatre und so weiter – und/oder in blutigen Gewaltexzessen – Genua, Heiligendamm etc. – ausarteten, um uns davon mitreißen zu lassen. Wir sind zu realistisch, um zu glauben, dass wir im weißen Westen so richtig viel mit den protestierenden Arabern gemeinsam haben. Und wenn man mal ehrlich ist, sind sich viele von uns gar nicht so sicher, ob das, was da passiert, wirklich im europäischen Interesse liegt. Deswegen reicht es uns, an einem digitalen »Marsch der Millionen« teilzunehmen, von dem kein einziger Ägypter, Bahrainer oder Libyer, der auf einer echten Straße stand und sich vor realen Kugeln schützen musste, etwas mitbekommen konnte. Und dass all die entwurzelten Tunesier, Libyer und Ägypter versuchen, ihre neue Freiheit in der EU auszuleben, muss dann auch nicht sein.

Aus denselben Gründen gelingt uns kaum noch die Identifikation mit entrechteten Arbeitern in Südamerika oder Südostasien, so wie das in den autonomen und akademischen Milieus der Sechziger und Siebziger üblich und handlungsleitend war. Wer wären wir denn – wir identifizieren uns ja nicht einmal mit Hartz-IV-Empfängern aus der eigenen Stadt. Wenn wir ehrlich sind, identifizieren wir uns selten genug mit unseren Kollegen oder den Kommilitonen neben uns. Das würde auch, rein pragmatisch, keinen Sinn ergeben, denn letztlich handelt es sich bei der Peergroup auch um Konkurrenz.

Einmal berichtete mir eine Freundin, eine Biologiedoktorandin, die einen renommierten Forschungswettbewerb gewonnen hatte, dass ihr bester Freund seither nicht mehr mit ihr spreche. »Als ich es ihm am Telefon erzählt habe, meinte er bloß, das sei ja schön für mich, er wolle es aber nicht hören, und hat aufgelegt«, klagte sie. Seitdem habe er sich nicht mehr gemeldet. Der

Freund arbeitet auf demselben Feld wie sie, allerdings in einem ganz anderen Forschungsgebiet. Als ich meinte, das sei ja eine ziemlich ekelhafte Einstellung, zumal sie ja Freunde und nicht Konkurrenten seien, antwortete meine Freundin: »Doch, klar stehen wir auch in Konkurrenz. Wir machen ja dasselbe.«

Nicht, dass ich Wettbewerbsdruck nicht auch aus dem eigenen Bekanntenkreis kenne. »Toll, was der oder die wieder auf die Beine gestellt hat – aber warum habe ich das nicht geschafft?« Die meisten von uns sind es gewöhnt, selbst unser engstes Umfeld immer auch unter kompetitiven Aspekten wahrzunehmen. Denn meine Generation ist total wettbewerbsgeil. Und wenn wir nicht geil auf ihn sind, dann haben wir den Wettbewerb zumindest als einen bestimmenden Antrieb in unserem Leben akzeptiert und tun wenig, um seine Effekte zu mindern. Dass der internationale Wettbewerb härter und die Konkurrenz auf dem Arbeitsmarkt aufgrund der sinkenden Stellenzahlen größer geworden ist, gehört zu den Binsenweisheiten unseres Zeitalters. Sie müssen als Argumente dafür herhalten, warum nationale Errungenschaften im Arbeitsrecht in den europäischen Ländern abgebaut werden und warum diese Errungenschaften nicht in andere Länder übertragen werden können. Unternehmen drohen mit Standortwechsel, wenn ihnen die Rahmenbedingungen an einem Produktionsort nicht mehr in die Renditeerwartungen passen. Und überhaupt ist Rendite über alle Branchen und Sektoren mittlerweile der maßgebliche und wertsetzende Faktor, selbst – in zunehmendem Maße – in der Bildung.

Ein Drittel der Befragten im Studierendensurvey gab an, dass es »ohne Wettbewerb weniger Anstrengung« in der Gesellschaft geben würde und er daher positiv zu bewerten sei. Dass diese Gesellschaft ihren Zustand bei allen technischen Erleichterungen eigentlich schon anstrengend genug empfindet, ist dabei ein tragikomischer Nebenwiderspruch. So schätzten Studierende im Jahr 2010 nach einer Studie des Bildungsforschers Rolf Schulmeister ihre verfügbare Freizeit deutlich geringer ein, als sie tatsächlich ist. Der Mittelaufwand für Arbeit und Studium, berichtete zumindest *Spiegel Online,* lag demnach bei 26 Stunden pro Woche, durchschnittlich hätte ein Student in Deutschland zwölf Stunden am Tag frei. Dagegen stellte die 19. Sozialerhebung des Deutschen Studentenwerkes fest, Bachelor-Studenten arbeiteten, einschließend ihrer Jobs, eine 40-Stunden-Woche. Es ist schwierig, zwischen geschätzter Zeit und echt aufgewandter Zeit einen Unterschied zu machen. Fest steht, dass sich meine Generation unter Stress und in Zeitnot fühlt. Fest steht aber auch, dass sie es sich offenbar nicht anders vorstellen kann oder mag.

Die drei Wettbewerbstypen

Für viele meiner Generationengenossen scheint es drei Muster zu geben, mit dem Prinzip Wettbewerb umzugehen: volle Akzeptanz und Unterwerfung, Anpassung und Resignation oder totaler Rückzug und grenzdepressives Verhalten. Ein bisschen wie mit einem sehr dominanten und aggressiven Lebenspartner, von dem es kein Loskommen gibt.

Volle Wettbewerbsunterwerfung: Einmal lernte ich einen jungen Mann auf einer Party kennen, der mir im Verlauf unseres Gesprächs erzählte, er habe sich ja neulich bei einer großen deutschen Unternehmensberatung beworben, einfach so zum Spaß. »Ich wollte wissen, ob ich das schaffe«, erklärte er mir sichtlich stolz auf seinen Gewinnerdrang. Das heißt, er absolvierte ein aufwendiges Bewerbungsverfahren, ein Massenvorstellungsgespräch und ein sogenanntes Assessment-Center, das Mittel war der Zweck, und ja, am Ende wurde er genommen. Der Spaß daran war, sich selbst zu beweisen, wer die härtesten Ellenbogen hatte. Er ging dann aber nicht zur Unternehmensberatung, sondern nahm einen Job als Projektmanager an und schrieb zwei Monate später eine Bewerbung für ein Elite-Studienprogramm. Klappte auch. »Das fand ich dann doch geil«, sagte er, »mal in Harvard zu studieren, liest sich auf jeden Fall gut im Lebenslauf.« Dass er sich für sein Studium eigentlich gar nicht interessierte, zählte nicht zu den Aspekten, die ihn beschäftigten. Solange er sich auf der Überholspur befand, war die Richtung eigentlich egal.

Sicherlich gäbe es ohne Wettbewerb weniger Anstrengung in der Gesellschaft. Es gäbe mit ein bisschen weniger Wettbewerb aber vielleicht auch ein paar weniger solcher Typen. Dieses Gedankenspiel sollte man sich zumindest einmal erlauben. Oder wenn das zu hart ist: Vielleicht hätte ein so engagierter Mensch auch andere Möglichkeiten, seine Zeit zu verbringen, als mit Manöverübungen für die Marktwirtschaft.

Anpassung und Resignation: Eine große Universität in Deutschland hat es im Jahr 2011 zur Praxis gemacht, viele Lehrveranstaltung von freien Mitarbeitern nicht mehr zu vergüten. Das bedeutet: Junge Akademiker werden aufgefordert, Seminare und Übungen abzuhalten, ohne dafür bezahlt zu werden. Sie erhalten nicht einmal die frühere lächerliche Aufwandsentschädigung von 500 Euro pro Semester für ihre mindestens zehn Wochenarbeitsstunden. Diese Universität ist ein Dauerkandidat in der Exzellenz-Initiative des deutschen Bundesministeriums für Bildung und Forschung, das heißt, sie braucht viele gute und interessante Lehrveranstaltungen, um ihr Profil zu erhalten. Das kann sie sich zwar nicht leisten, aber junge Akademiker von heute, so sagten mir das mehrere junge Akademiker_innen, können es sich ebenso wenig leisten, keine Lehrveranstaltungen anzubieten, wenn sie sich eine wissenschaftliche Karriere erhoffen. Wer Glück hat, bekommt eine Stelle als wissenschaftlicher Mitarbeiter, aber für dieses Glück gibt es nicht viele Stellen. Und deswegen gibt es nur wenige aufstrebende Wissenschaftler, die das Angebot zu unterrichten ausschlagen, nur weil es nicht bezahlt wird. Deswegen gab es am Anfang des Jahres 2011 keinen Streik der jungen Akademiker. Also kann es sich die Universität am Ende doch wieder leisten, Lehrveranstaltungen anzubieten, weil sie nämlich nichts dafür bezahlen muss. Wie mir ein Juniorprofessor für Komparatistik an der Ludwig-Maximilians-Universität einmal erklärte: »Es gibt kein weniger solidarisches

Wesen als den akademischen Mittelbau.« Solidarität muss man sich eben leisten können. Feigheit aber letztlich noch viel mehr. Einen Lehrauftrag verschenken kann nur, wer noch einen anderen bezahlten Job hat, ein dickes Stipendium oder ein Finanzpolster. Und fraglos zahlt sich dieses unbezahlte Engagement für viele am Ende in irgendeiner Form aus.

Rückzug: Die Dauerausbildungsschleife, die oft begleitet wird von der Aussage, man habe »keine Lust, diese Karrierespielchen mitzuspielen«, ist in dem hier behandelten Milieu eines der häufigsten Symptome der Wettbewerbsdepression. Mit der Dauerausbildungsschleife meine ich den bei meiner Generation zunehmend üblichen Übergang von Studium in Promotion, Volontariat oder Ausbildungsstätte, bei dem das persönliche Engagement in der Sache oft merkwürdig lauwarm bleibt. Keine Lust zu haben, sich dieser harschen und mühsamen Anforderungswelt auszusetzen, ist nur eine andere Formulierung für die pathologische Angst, in dieser nicht zu bestehen. Interessanterweise trifft man diese Haltung ziemlich oft bei den Männern meiner Generation an. Im Jargon werden sie als Schluffis bezeichnet, sie sind psychisch so strukturiert, dass sie von den eigenen Fähigkeiten eigentlich sehr überzeugt sind, aber diese Fähigkeiten nicht zum Ausdruck bringen, weil sie angeblich nicht an dem ganzen Wahnsinn teilnehmen wollen. Dieser Menschenschlag verfügt oft über zahlungskräftige Eltern, die dem Nachwuchs die gesellschaftliche Zurückhaltung so lange finanzieren, bis ihnen auffällt, dass der Junge auch mit 30 noch nicht in der Lage ist, eine Monatsmiete zu finanzieren. Dieser

Umstand ist dem Jungen schmerzlich bewusst, weswegen er den Materialismus auch ablehnt, jedenfalls solange er ihn sich nicht leisten kann. Weil er aber immer noch davon ausgeht, dass seine Talente irgendwann auch so entdeckt werden, überlegt er sich auch keine Alternative zu seiner Existenz. Man kann von einer Art depressivem Leben sprechen.

Wir leben mit dem Wettbewerb, wir können ihn ja nicht rausschmeißen. Wir arrangieren uns mit ihm, die meisten von uns irgendwo zwischen den drei Extremen.

Was die Chancengerechtigkeit in der Wettbewerbsgesellschaft anbelangt, so gilt das Motto: Solange *meine* Chancen gerecht sind, ist alles okay. Das Ziel ist schließlich, den Wettbewerb zu gewinnen, und da ist Dominanz letztlich wichtiger als Fairness. Das geht so weit, dass wir diejenigen, die privilegierter sind als wir selbst, sogar ganz besonders bewundern, anstatt ihnen den Gebrauch solcher Privilegien vorzuwerfen. Man erwartet da wenig von der Politik, die »das doch eh nicht beeinflussen kann«, oder gar den Unternehmen, die ja »andere Aufgaben haben«, als für Gleichstellung zu sorgen. Man glaubt an das Prinzip Wettbewerb, hat aber kein Problem damit, dass der nicht fair abläuft, solange es die eigenen Heimvorteile sind, die sich durchsetzen. Denn die Konsequenzen der eigenen Herkunft sind meiner Generation durchaus bewusst. Nur die letzten Mohikaner bei den Jungen Liberalen, der Jugendorganisation der FDP, glauben vielleicht noch daran, dass es jeder schaffen kann – und die wollen es aus guten Gründen nicht anders glauben. Das zeigt die Shell-Studie ebenso: Während Jugendliche im obersten Einkunftsdrittel relativ zuversichtlich waren, dass es ihnen gelingen würde, den angestrebten Abschluss zu schaffen, waren ihre Altersgenossen im untersten Einkommensdrittel da eher skeptisch. Und während Letztere keine Lobby haben, eben wegen ihrer Einkommensschwäche, haben Erstere weiß Gott Besseres zu tun, als sich auf dem ohnehin so hart umkämpften Bildungs- und Arbeitsmarkt für eine Umverteilung der Chancen einzusetzen. Und so glauben die einen, dass sie es durch genug Bildung und anforderungsgerechtes Verhalten schon schaffen können. Und warum sollte der Grundsatz »Wer nur will, der kann es auch schaffen« nicht für alle gelten?

In diesem unwirtlichen Klima sucht meine Generation ihren Rückhalt nicht in Interessenvertretungen oder Organisationen, sondern bei Familie und Freunden: vor allem den Eltern, die einem hoffentlich zur Not auch noch mal unter die Arme greifen, wenn es sein muss. Die einen wieder in die Doppelhaushälfte mit einziehen lassen oder schön mit einem Essen gehen. Freunde, mit denen man das Leid teilen kann. Alles wichtig und schön, aber der Handlungsspielraum bleibt eng, die Interessen fokussieren sich auf die kleinstmögliche gesellschaftliche Größe. Und wenn meine Generation irgendwann selbst Kinder bekommt, werden sich viele ihrer Vertreter nicht scheuen, diese Kinder – notfalls mithilfe von Krediten – auf private Bildungseinrichtungen zu schicken. Was so eine Einstellung für die Gesellschaft bedeutet, wird ihnen gar nicht in den Kopf kommen. Weil die »Gesellschaft« etwas ist, zu dem diese Generation nicht allzu viel Bezug hat.

Netzwerk statt Gemeinschaft

Vielleicht liegt es an der notorischen Unüberschaubarkeit der modernen Welt. Vielleicht ist dafür die einzige Lösung, den Blick auf sich selbst zu lenken: Alles, was mich nicht direkt betrifft, lasse ich außen vor. Ich finde zwar die Bildungsungerechtigkeit in Deutschland auch nicht gut, aber es ist ja erst mal nicht mein Problem, solange ich es mir irgendwie leisten kann, meine eigenen Kinder aus diesem System zu ziehen. Was hat das denn mit mir zu tun, wenn die Schulen in dem Bezirk verwahrlosen, den ich ohnehin hinter mir gelassen habe? Die Aufgaben, die der Einzelne permanent zu bewältigen hat, sind in den letzten Jahrzehnten nicht weniger geworden. Da liegt der Gedanke nahe: Mir reicht schon die Verantwortung für mich selbst und meine Nächsten, da kann ich mir nicht auch noch die Verantwortung für den Rest der Menschheit aufladen.

Die Angewohnheit, sich die Konsequenzen des eigenen Handelns nur in kleinen Kreisen um das eigene Kernumfeld vorzustellen, ist das Produkt unseres ökonomisierten Denkens, unserer knapp gehaltenen Kosten-Nutzen-Analyse. Noch mehr ist sie aber ein Produkt einer Entwicklung in den sozialen Gefügen des Westens. Vor allem zwei Konstellationen sind dabei heute entscheidend: die Familie und das Netzwerk. Wir bilden heute keine Gemeinschaften, das gilt jedenfalls für urbane Menschen, die viel Zeit vor ihren Computern oder in kulturellen Enklaven wie der Clubszene, dem

Kunstbetrieb oder dem Journalismus verbringen. Wir knüpfen Netze. Die gehorchen keinen festen, sondern nur unausgesprochenen Regeln. Das Bindemittel ist nicht ein gemeinsames Programm oder ein Ideal, sondern das gemeinsame Geschäft. Mit wem wir uns darin verbinden, ist uns letztlich selbst überlassen. Kaum jemand, den ich kenne (bis auf jene oben erwähnten exotischen Wesen, die aber ihre eigene Subkultur bilden), schleppt sich noch Dienstagabend zum Parteitreffen oder zur Vereinssitzung, sondern man schleppt sich freitagabends auf die Party, weil: »Ich muss mich da zumindest sehen lassen.« Wir kennen keine Verpflichtung gegenüber dem Gemeinwesen. Verpflichtet sind wir vor allem uns selbst, der Steigerung unserer Fähigkeiten und der Verbesserung unserer individuellen Position. Und wer auch nur je in die Nähe des »Beruf & Karriere«-Teils einer Zeitung, einer Fernsehsendung oder eines Coaching-Seminars gekommen ist, weiß, dass das ohne Netzwerk nicht geht. Ohne Netzwerk geht heute gar nichts mehr.

Zum Netzwerk gehören vor allem Personen, die beruflich oder kreativ zu einem passen und mit denen es mindestens für Small Talk reicht; und wenn man Glück hat, für eine Freundschaft. Im Idealfall ist das Betreiben eines Netzwerks einigermaßen stressfrei: Man trifft die Leute sowieso in seinem Umfeld oder geht hin und wieder mal mit Personen essen, die einen sonst vielleicht nicht so stark interessieren würden – der ehemalige Kopraktikant bei der letzten Agentur, weil er ein zukünftiger Kollege sein könnte, zum Beispiel. Es kann aber auch, zumindest für eher introvertierte Individuen, sehr enervierend sein. Einmal war ich auf einer Preisverleihung in Berlin, bei der Journalisten unter 33 ausgezeichnet wurden. Beim anschließenden Empfang tummelten sich viele junge Menschen, die es sicherlich weit bringen würden, und viele ältere Menschen, die es schon zu den höchsten Posten in der Branche gebracht hatten. Die Catering-Kräfte sorgten energisch dafür, dass kein Weinglas jemals leer blieb, es hätte also der perfekte Vernetzungsabend werden können. Meine damalige Redaktion war gemeinsam mit einem Preis ausgezeichnet worden, und nachdem wir eine Weile im Grüppchen herumgestanden hatten, tigerte schon bald der erste Kollege los mit den Worten »Ach, da drüben steht der Redaktionsleiter vom Auslandsjournal. Ich geh mal quatschen.« Den Abend über sah man ihn in viertelstündigen Abständen mit weiteren mutmaßlichen Big Shots aus der Medienlandschaft an weiteren Bistrotischen stehen. Aus der Ferne wirkte es wie ein sehr arbeitsintensiver Abend. Ich persönlich hatte keine Ahnung, was ich mit einem Fernseh- oder *Welt-Online*-Redakteur zu quatschen gehabt hätte, und saß den ganzen Abend mit meinem Lieblingskollegen auf einem Chesterfieldsofa. Wir erzählten uns mit steigendem Weißweinpegel zunehmend unangemessene Details aus unserem Privatleben. Aus der Ferne wirkte das wahrscheinlich wie ein sehr intimer Abend. Das war zwar vielleicht im Nachhinein nicht die klügste Idee, ich hatte am nächsten Tag aber nicht das Gefühl, etwas verpasst zu haben. Ich hatte an meinem Beziehungsgefüge eben eine Vertiefungsoperation statt einer Verbreiterung vollzogen.

Networking ist Arbeit. Man muss das können, es ist eine weitere Kompetenz, die dem modernen Menschen in seiner Arbeits- und Lebenswelt abverlangt wird. Eine entfernt bekannte Kollegin brachte sich einmal auf einer Party mit einem Redakteur auf folgende Weise ins Gespräch: »Hallo, ich bin Jana Maier. Ich habe gehört, dass du meine letzte Reportage schlecht fandest.« Das kam nicht so gut an, immerhin sprang dabei aber eine Facebook-Freundschaft heraus. Weil wir so was lieber nicht riskieren, weil wir das Netzwerken für absolut zukunftsentscheidend und lebenswegweisend halten, bieten die Studentenkanzleien der Universitäten auch Networking-Seminare an, deswegen gibt es brancheninterne Networking-Events und zahllose Ratgeber in Bücherform, die einem wiederum erklären, warum solche Seminare und Events ganz und gar überflüssig sind. Der »grenzenlose Selbstoptimierungsimperativ«, wie es der Soziologe Ulrich Bröckling formuliert, gebietet, dass wir unsere Kosten-Nutzen-Analyse auch auf unser soziales Umfeld ausweiten.

Folgerichtig gibt es im Netzwerk kein »Wir«, sondern eher ein »Ich« und ein »Du«. Wer netzwerkt, sagt – zumindest in Filmen – Sätze wie: »Lass meine Leute deine Leute anrufen.« Es gibt keine gemeinsamen Anliegen, sondern höchstens mal ein gemeinsames Projekt – allerdings sammeln sich über die Zeit ausgesprochen häufig die gemeinsamen Sexualpartner_innen an, denn so riesig sind echte Netzwerke dann auch wieder nicht, auch bei Leuten mit 900 Facebook-Freunden.

Das Netzwerk ist explizit nicht politisch, und deswegen ist es ein so wichtiges Symptom dafür, wie wenig wir darüber wissen, wie Politik geht. Die Tatsache, dass sich gerade Nachwuchspolitiker damit hervortun, dass sie sich parteiübergreifend für die Generationengerechtigkeit vernetzen, bestätigt dies nur. Denn rein politisch gesehen, müssten sie eigentlich etwas ganz anderes damit wollen – ein grüner Generationengerechtigkeitskämpfer müsste Investitionen in alternative Energietechniken fordern, die ein konservativer Generationengerechtigkeitler eher in den Abbau der Staatsschulden stecken würde. Aber auch hier regiert letztlich wieder der Pragmatismus: »Man muss sich ja auch kennen, wenn man später mal zusammenarbeiten will«, sagte mir ein junger Parteimitarbeiter zu dem Thema.

Geschäftsbeziehungen statt Wärme

Leitendes Prinzip im Netzwerk ist das eigene Interesse – man kennt sich aus ganz pragmatischen Gründen, nämlich um diese Interessen besser verwirklichen zu können. Schön, aber nicht entscheidend ist es, wenn man sich auch aus echter Zuneigung kennt. Gequatscht wird vom echten Networker nicht mit den netten Kollegen, über die man eigentlich auch mehr wissen könnte, die einem aber nichts bringen, sondern man spricht mit denen, die von einem wissen sollten. Die Logik dahinter ist pures Marketing: Je mehr Leute mich kennen, desto höher ist die Wahrscheinlichkeit, dass im entscheidenden Moment jemand an mich denkt. Netze dienen der Verknüpfung, sie schaffen bessere Wege und mehr soziale oder berufliche Anhaltspunkte – sie sind strukturell das Gegenteil von einem warmen Knäuel. Sie sind Kosten-Nutzen-Kalküle in Form sozialer Systeme. Sie sind das Gesellschaftsideal der FDP.

Im Jahr 2010 rannten alle meine bürgerlichen Altersgenossen in den Film »Wo die wilden Kerle wohnen«, dessen Trailer schon Monate vor Filmstart insbesondere von Um-die-Dreißigjährigen wie wild auf Facebook gepostet wurde. In diesem Kinderfilm für Erwachsene werfen sich die wilden Kerle in regelmäßigen Abständen aufeinander und bilden einen warmen Haufen. Dann liegen sie völlig unkommunikativ aufeinander und produzieren nichts außer zwischenkerliger Wärme. Das Gegenteil von Geschäftsbeziehungen, ein Traum, den sich erwachsene Drehbuchautoren ausgedacht haben. Die Sehnsucht nach dem warmen Haufen ist da, aber für all diejenigen von uns, die ohne Kirchengemeinden und Pfadfindertreffen aufwuchsen, auch irgendwie abstrakt. Wie Claudius Seidl in seinem Generationenbuch *Schöne Neue Welt. Warum wir nicht mehr älter werden* schreibt: »Es ist kühl geworden in unserer Kultur, und dass das ein moralisches Problem sei, glauben nur die Leute, die ihr Herz mit einem Ofen verwechseln und ihre Gefühle mit einem Fieber.« Und sicher: Abgeklärtheit und Distanz sind dem Denken zuträglicher als die Hitze des Gefechts. Aber politische, kulturelle und gesellschaftliche Coolness ist nicht ohne geistig-moralische Egozentrik zu haben, ohne die völlige Aufgabe des Gefechts. Denn cool bleiben kann nur, wer nicht kämpft. Er weiß dann aber vielleicht auch nicht, wofür sich der eine oder andere Kampf am Ende doch lohnen könnte. Coolness muss man sich leisten können. Meine Generation kann das vielleicht gar nicht mehr, und irgendwie spürt sie das.

»Neben einem interessanten Lebenslauf braucht man ein gutes Netzwerk« ist eine von diesen Standardformulierungen der Berufsberatung, die Schüler_innen so hören. Wer in den Medien arbeiten will, dem wird empfohlen, eine Journalistenschule zu besuchen, nicht so sehr wegen des »Handwerks«, das man ja genauso gut auch woanders lernen könnte, sondern wegen des Vernetzungseffekts. In Bayern versammeln sich besonders erfolgreiche Studenten im Elitenetzwerk. Jungkarrieristen, die sich ein bisschen politisch profilieren möchten, treffen sich im Think Tank 30, der Juniorgruppe des Club of Rome. Und dann gibt es eben ganz banal und unmittelbar all die sozialen Netzwerke, die sich von Computer zu Computer spannen. Berufstätige sind bei Xing, Studenten beim StudiVZ, und alle, aber auch alle sind bei Facebook. In sprachlich etwas plumpen Kreisen heißt das »Vitamin B«. Man hat »Beziehungen«, und diese »Beziehungen« haben oft genug nur einen guten Grund: Einer der beiden Beteiligten findet, der andere solle ihn kennen. Die hohe Bedeutung von vernetzten Beziehungen ist ein zentrales Motiv im Katechismus des gesellschaftlichen Erfolgs, den meine Generation auswendig gelernt hat. Der ideale junge Aufsteiger des 21. Jahrhunderts hält permanent seine »sozialen Antennen« auf Sendeempfang, greift mit geselligen Tentakeln und aufgeschlossenen Reißzähnen nach Schlüsselpersonen und leitet regelmäßig elektronische und reale

Begegnungen in die Wege. Sicherlich haben auch in den Siebzigerjahren Menschen schon genetzwerkt, Seilschaften gebildet und Klüngel. Sie schlossen sich aber auch politischen Gruppen an oder Elterninitiativen, und die Struktur der Arbeitswelt war noch nicht so beschaffen, dass man sich immer durch sie durchhangeln musste – wenn man einmal irgendwo war, konnte man davon ausgehen, dort zu bleiben, man musste nicht immer schon Ausschau nach der nächsten Jobmöglichkeit halten. Das Netz, mit all seiner Unverbindlichkeit und Nutzenorientierung, hat seinen Status als dominanteste gesellschaftliche Einheit erst ab den Neunzigerjahren erreicht. Der Netzwerkprofi, der wie mein ehemaliger Kollege mit jedem super quatschen kann, solange es nicht persönlich wird, ist jemand, der wir entweder selbst sind oder der uns extrem auf die Nerven geht. Wir kennen ihn ebenso wie die Netzwerkerin, die mit ihren 600 Facebook-Freunden ihren Ruf verteidigt, alle zu kennen, und zu deren Einladung man sich eben am Freitagabend schleppt, weil man sich wenigstens kurz zeigen sollte. Dass das Netzwerk für uns zu einer Alltagsvokabel geworden ist, sagt etwas über unseren zwischenmenschlichen Umgang aus. Pragmatisch eben. Deswegen ist paradoxerweise die lose Verknüpfung, welche gerade Menschen meines Alters die Identifikation mit einer demografischen Gruppe erschwert, ein besonders gutes Beispiel dafür, dass es eben doch so etwas wie »unsere« Generation gibt. Die Tatsache, dass wir uns eher vernetzen, als uns zu versammeln, schweißt uns in gewisser Weise doch wieder zusammen. Mag sein, dass auch diejenigen, die 20 Jahre älter sind als wir, im Alter von 25 Bekanntschaften und »Connections« hinterherhechelten. Doch hier geht es darum, dass dies unter meinen Altersgenossen zu den Daseinskonstanten gehört, in manchen Berufsgruppen mehr, in manchen weniger. Sie sind in ihrer Sicht auf sich und ihre Umgebung pragmatisch. Oder auch: wenig kreativ, ziemlich angepasst und eigentlich ganz schön opportunistisch.

Leben für den Lebenslauf

Der »Opportunist« war, jedenfalls in meiner Erinnerung, das härteste Schimpfwort meiner Eltern. Meine Eltern weisen das von sich. Gut, rein lautmalerisch hatten sie auch wesentlich deftigere Kaliber in ihrem verbalen Arsenal. Aber wenn jemand – ein wankelmütiger Bekannter, eine Grünen-Politikerin, ein politisch nicht einwandfreier Schriftsteller – des Opportunismus bezichtigt wurde, war klar, dass es sich um jemanden handelte, der oder die rein nach ihrem persönlichen Vorteil handelte. Eine Person, der ihre eigenen Prinzipien letztendlich nichts wert waren, wenn sie dem eigenen Vorankommen im Weg zu stehen schienen. Ein problematischer Mensch.

Das Wort »Opportunismus« spielt im Wortschatz meiner Generation keine Rolle. Bei uns heißt das »sich der Situation anpassen«, flexibel sein, kooperieren. Man kann sich heute eben nicht mehr so viel erlauben. Die Zeiten sind härter geworden, die Konkurrenten mehr, die Chancen schlechter. Wir bewerben uns auch als Atomkraftgegner um einen Platz im Trainee-Programm beim Energieriesen, obwohl wir wissen, dass der Atomkraftwerke betreibt. Man kann da auf jeden Fall was lernen, und das Einstiegsgehalt ist auch besser als bei einer NGO. Wir lachen über homophobe Witze mit den älteren Kollegen, obwohl mehrere unserer Freunde schwul sind. Man muss ja auch nicht alles immer so bierernst nehmen, und so eine Diskussion wäre jetzt auch viel zu anstrengend. Cool bleiben. Auch wenn wir Hunderte von unbezahlten Überstunden in der Agentur arbeiten, beschweren wir uns nicht, obwohl wir deswegen kaum noch Privatleben haben. Man muss sich der Arbeitskultur einer Branche eben anpassen, wenn man weiterkommen will. Und wenn man sich beschwert, fliegt man wahrscheinlich ohnehin raus. Wir verlängern das Praktikum noch mal um sechs Monate, obwohl dieses Praktikum den Aufgabenbereich und die Verantwortung einer Vollzeitstelle hat. Aber wenn man Nein sagt, hat man ja nicht einmal mehr ein Praktikum. Gerade in der Medienbranche ist diese Einstellung besonders verbreitet: Ein Bekannter von mir arbeitete drei Monate lang als Vaterschaftsvertretung in einem Verlag Vollzeit – allerdings wurde er dafür mit der üblichen Praktikantenpauschale entlohnt. Man kann das nicht einmal als Opportunismus bezeichnen, es ist eher der kleine Bruder, die Feigheit. Denn daraus ergeben hat sich wenig. Aber wie man ganz pragmatisch sagen muss: Wer sich unter Wert verkauft, darf halt auch nicht mit mehr rechnen.

Der Opportunist ist verschwunden, auch als Feindbild. Feindbilder sind heute eher der Querulant, der

»anstrengende Typ« und natürlich der Loser. Der Opportunist dagegen ist zum Normalmenschen geworden, zu der pragmatischen, praktischen jungen Person, die »ihre Möglichkeiten nutzt« und »sich ja auch nicht mit allen anlegen kann«. Er ist jemand, der vor allem gewinnen will, und gewinnen wollen ist der anständigste und natürlichste Drang, den es nach unserem Menschenbild vom Homo oeconomicus geben kann. Jedes andere Verhalten würde betriebswirtschaftlich doch gar keinen Sinn machen in diesen harten Zeiten. Und betriebswirtschaftliches Denken ist wichtig, wenn das Projekt »Ich-AG« florieren und das eigene Image nicht leiden soll.

Einmal unterhielten sich in einer Seminarpause zwei meiner besonders dynamischen Kommilitonen über ihre Pläne für die Zeit nach dem Vordiplom. Es war die klassische Männerkombination, der man in fast jedem geisteswissenschaftlichen Seminar begegnet: ein vorlauter Aggro-Streber, der so lange nicht still sitzen kann, bis er die Sitzung an sich gerissen hat, und trotzdem bei den anwesenden Frauen ausgesprochen gut ankommt – und sein schüchterner Lernfreund, der mit dem Aggro-Streber alles ausdiskutiert, sich aber insgeheim selbst viel intelligenter findet. Die beiden kannten sich aus einem der bekannten Programme für Elitestudenten, für solche Menschen also, von denen man irgendwie annehmen würde, dass sie auch deswegen besonders exzellent sind, weil sie sehr genaue Vorstellungen von dem haben, was sie machen wollen: »Mein Professor meinte, er kann mir ein Feuilletonpraktikum verschaffen«, sagte der eine. »Ich weiß aber gerade nicht, ob es nicht doch schlauer ist, ins Ausland zu gehen. Und beim letzten Coachingseminar haben sie ja gesagt, dass es auch für den Lebenslauf nicht schlecht wäre, während des Studiums mal bei Siemens oder McKinsey zu arbeiten.« Sein Gesprächspartner fragte: »Warum machst du nicht einfach ein Betriebspraktikum im Ausland?« Ich dachte mir: Feuilletonschreiber, Unternehmensberater oder Erasmusstudent – das sind ziemlich unterschiedliche Entwürfe. Was interessiert den denn am meisten? Ich wusste aber auch, was die Antwort war, denn ich habe sie schon in tausendfacher Variation gehört, wenn es um das Thema Lebenslaufgestaltung geht: Am meisten interessierte sich der Mann für seine Karriere. Und die wollte er eben so strategisch geschickt wie nur möglich vorantreiben.

Diese beiden Jungs sind Kinder ihrer Zeit: Alles-richtig-Macher und Nichts-richtig-Woller. Wenn man es gut mit ihnen meint, würde man sie als »Allround-Talente« oder »Tausendsassa« bezeichnen. Oder eben als Streber.

Doch ihre Problemstellungen und Gedankengänge sind der privilegierten Bildungsbürgerschicht meiner Generation nur allzu vertraut. Egal, ob einem die Philosophie einer Unternehmensberaterfirma zusagt oder nicht – für die »Vita« und den Geldbeutel »schadet es nicht«, auch wenn man finanziell und vitenmäßig eigentlich keine Probleme hat. Egal, ob man wirklich Lust hat, in einem fremden Land zu leben oder nicht – Auslandserfahrung muss schon mal sein. Man kann das pragmatisch nennen und sich für unsere Flexibilität begeistern, wie das manch einer tut. Man kann es aber auch ziemlich irrsinnig und traurig finden, dieses Schnappen nach Luft im Meer der Möglichkeiten. Man kann sich auch fragen, ob wir so sehr das Gespür für uns selbst verloren haben, für den eigenen Wert, dass wir hilflos nach allem greifen, was irgendwie nach Gelegenheiten aussieht. Wie gesagt, man fragt sich nicht: »Will ich wirklich für ein Unternehmen arbeiten, dessen Geschäft ich für unmoralisch halte?«, sondern: »Bringt es mir etwas, wenn ich für dieses Unternehmen arbeite? Kann ich dann vielleicht auf einen sicheren Job hoffen?« Der Hintergedanke ist dabei immer: Vielleicht ist meine Chance, in dem unmoralischen Unternehmen zu arbeiten, das Beste und Letzte, was mir an Chancen zukommen wird. Nein zu sagen muss man sich leisten können.

Die Überlegung, dass es zu einem viel größeren Verlust führen könnte, nicht Nein zu sagen, wird oftmals rasch verworfen. Klar, denn der kategorische Imperativ der Gegenwart lautet: Handle so, dass du dir die beste Position gegenüber deinen Konkurrenten (und das bedeutet gegenüber allen anderen in deiner Alters- und Bildungsklasse) verschaffen und den maximalen Nutzen aus deiner Handlung ziehen kannst.

Junge Journalisten, die sich schwertun, bei den großen bürgerlichen Medien unterzukommen, sagen zum Beispiel oft den Satz: »Ich habe mir immer geschworen, dass ich niemals für Springer arbeiten würde.« Weil viele Publikationen des Axel Springer Verlags unter Journalisten nicht gerade als leuchtendes Vorbild für sachliche Berichterstattung oder ethisch einwandfreien Umgang mit Menschen gelten. Oft genug sind es trotzdem genau die jungen Journalisten, die das Jobangebot bei Springer am Ende doch annehmen, natürlich nur unter Protest und mit ausdrücklichem Verweis auf oben genannten Schwur. Es ist die pragmatische Lösung. Und unter Kollegen findet man das natürlich irgendwie schwierig, versteht es aber auch, schließlich ist es auf dem Arbeitsmarkt wirklich eng. Da muss man schon sehen, wo man bleibt.

Idealismus kann sich lohnen

Es gibt natürlich auch Ausnahmen, aber die tun das, wofür Ausnahmen sich der Redewendung nach besonders eignen – die Regel bestätigen.

So die Geschichte von einem Bekannten, einem aufstrebenden Architekten. In seiner Probezeit bei einem großen Architekturbüro in Leipzig hatte er gemeinsam mit einem anderen jungen Kollegen den Auftrag bekommen, einen Wettbewerbsbeitrag für ein städtisches Großprojekt zu entwerfen. Die Teilnahme an solchen Wettbewerben ist Architektenstandard, dass mal einer gewonnen wird, kommt selten vor, ist dann aber sehr lukrativ. Tag und Nacht arbeiteten die beiden an ihren Entwürfen, und nachdem sie fertig waren, ging der Bekannte völlig erschöpft zu seinem Chef und bat darum, ein paar von seinen Überstunden in frühere Feierabende tauschen zu können. Der Chef sagte nichts und verschob das Gespräch auf den nächsten Nachmittag. Er fragte den anderen jungen Mitarbeiter, ob er etwa auch ein Problem mit Überstunden habe, das sei nämlich in der Branche vollkommen üblich. Der Kollege versuchte zu beschwichtigen, dass es ja nicht um ein Problem gehe, dass die beiden ihre Überstunden nicht einmal bezahlt haben, sondern lediglich früher Feierabend machen wollten. Er selbst sei jedenfalls ganz zufrieden. Am nächsten Nachmittag zitierte der Chef meinen Bekannten zu sich und warf ihm illoyales und betriebsschädigendes Verhalten vor – er solle sofort seine Sachen packen.

Der Bekannte ist wirklich begabt, und der Entwurf, an dem er für seine 2800 Euro brutto monatlich mehrere 100-Stunden-Wochen gearbeitet hatte, bekam letztlich den Zuschlag, allerdings unter dem Namen seines Chefs. Er hat schnell eine neue Stelle gefunden, in einer schöneren und größeren Stadt als Leipzig übrigens. Sein Kollege schuftet weiterhin im selben Büro.

Das ist eine typische Geschichte aus dem Berufsleben meiner Generation. Es gehört Mut dazu, an sich zu glauben und in die Hoffnung zu vertrauen, dass man woanders etwas Besseres findet, wenn einem der eigene Wert von außen als so gering vermittelt wird. Aber wenn wir so frei sind, wie wir annehmen, dürfte es auch nicht so schwer sein, diesen Mut aufzubringen. Dass viele von uns in so einem Fall trotzdem wie der zurückhaltende Kollege handeln würden, macht die Sache nicht einfacher. Dabei kann man sich schon fragen: Was hatte er, was haben wir zu verlieren, außer schlecht bezahlten Jobs und einer nervtötend miesen Perspektive?

Entgegen allem, was uns erzählt wird – von 68er-Revisionisten, von Kulturkritikern, von Berufspolitikern –, es stimmt nicht, dass sich Idealismus nicht lohnt. Es stimmt nicht, dass der Mensch von Natur aus in all seinen Entscheidungen als Homo oeconomicus, als Kosten-Nutzen-Rechenroboter, handelt. Fast keine großen Fortschritte, egal, ob in der Kunst, der Literatur oder der Gesellschaft, sind darauf zurückzuführen, dass jemand sich dachte: »Ich denke, für den Markt ist es am besten, wenn ich meine Bilder jetzt in geometrische Formen aufteile/einen Bewusstseinsstrom über 1000 Romanseiten schreibe/das allgemeine Wahlrecht einführe.« Dass sich die Marktlogik mittlerweile in all diese Bereiche ausgeweitet hat, ist vor allem ein Vorteil für den Markt. Und das unbestreitbare Primat des Marktes in allen gesellschaftlichen Sphären, sei es Politik, öffentliche Verwaltung oder auch das Privatleben, hat der Menschheit im Allgemeinen und dieser Generation im Speziellen nun wirklich nicht ausschließlich Vorteile eingebracht. Wenn es also wahr ist, dass sich meine Generation an den Prinzipien des Pragmatismus oder der Ökonomie orientiert, dann ist das eine schlechte Nachricht. Dann werden uns nämlich keine Alternativen zu dem, was schon da ist, einfallen. Dann müssen wir wieder hoffen, dass wer anders es richtet.

Piep, piep, piep,
wir haben uns alle lieb*

Konfliktunfähigkeit, Scheidungskinder und
warum wir so selten wütend werden

*Unbekannt

Sie führen mit Leidenschaft Nachbarschaftskriege, glauben wirklich, dass Politiker sowieso alle gleich sind, und finden es total anstrengend, dass andere Völker, insbesondere das US-amerikanische, immer so freundlich sind. Die meisten Deutschen würden in das nationale Aktivitätenprofil wohl ohne große Umstände die Beschwerdeführung, die Meckerei und das Miesmachertum schreiben. Einerseits. Andererseits hat sich bei den jungen Deutschen in dieser Hinsicht schon etwas verändert. Deren Negativempfindungen entladen sich in der Regel eher in der weichen Form von Selbstzweifeln und verhaltenem Gejammer als in Wutanfällen oder Gemecker. Schlechte Laune ist bei ihnen eher unbeliebt, überhaupt alles, was schlechte Laune macht. Tatsächlich fasst ein ganz und gar gut gelaunter Satz die bevorzugte Gefühlsregung meiner Generation zusammen, und der geht so: »I like!«

Das gefällt uns

In unserem Umgang mit der Welt bevorzugen wir alles, was uns positive Gefühle verschafft. Wir glauben, dass

Konsens König ist und Dissens nur den Fortschritt aufhält. Produktive Streits sind für uns so etwas wie gestreifte Giraffen – sie ergeben in unserer Welt keinen Sinn. Wir sind eben Utilitaristen. Widerstand und Reibung meiden die meisten von uns lieber, und Mitmenschen, die Reibung und Widerstand suchen oder zumindest nicht scheuen, lösen bei uns eher Irritation als Interesse aus. Wir sagen lieber »Das gefällt mir« als »Das kotzt mich an«. Und wenn uns etwas ankotzt, gehen wir damit natürlich ganz pragmatisch um: Anders als es Rio Reiser forderte, machen wir nicht kaputt, was uns kaputt macht. Das wäre nämlich überhaupt nicht konstruktiv, und wir sind darauf trainiert, Probleme konstruktiv anzugehen. Wenn uns etwas kaputt macht, dann suchen wir daran lieber den »Ignore-Button«, um weitermachen zu können. Und finden wir ihn nicht, dann suchen wir erst mal bei uns selbst nach den Gründen, überlegen, was schiefläuft und wie man sich das alles erklären kann, und kommen meist am Ende zu dem Schluss, dass man das jetzt auch nicht so einfach kaputt machen könne, weil das ja im Endeffekt auch keine Lösung ist. Besser, wir ziehen uns zurück, wir sitzen es aus, wir arbeiten noch mal an uns selbst. Besser, es gibt keinen Streit.

Der Siegeszug des kleinen Satzes »I like« begann mit Borat Sagdiyev, einem kasachischen Fernsehjournalisten, einer Kunstfigur des britischen Komikers Sacha Baron Cohen und seinem legendären Ausspruch: »I like you. I like sex. Is nice!« Ein breit grinsendes, mit leicht slawischem Einschlag ausgespucktes »A LEEEIIIIK« wurde Ende des letzten Jahrzehnts zur Standard-Zustimmungsbekundungs-Floskel unter meinen humorigeren Generationsgenossen.

Dann ging der Daumen hoch. Es war im Jahr 2009, mittlerweile besaß so ziemlich jeder von uns einen Account, da führte Facebook den kleinen blauen »Gefällt mir«-Button ein, der die Form eines hochgestreckten Daumens hatte. Statt Statusmeldungen, gepostete Videos oder verlinkte Texte zu kommentieren stand den Nutzern nun auch die Option offen, einfach nur auf ein Zustimmungslogo zu klicken. Die Facebook-Freunde bekamen dann die Benachrichtigung: »Norbert Netzwerk gefällt dies.« Diese Funktion fand großen Anklang, sie war praktisch, weil man nun sehr viel schneller etwas gut oder interessant oder lustig finden konnte und das zeigen, ohne sich die genaueren Gründe dafür zu überlegen. Man musste sie ja nicht mehr selbst artikulieren. Es entfiel somit auch die Notwendigkeit, einen Gedankengang aufzuschreiben, den intellektuellen Prozess der Kritik zu formulieren. Mittlerweile zeigt das »liken« auch nur noch reine Kenntnisnahme an. Wenn Bekanntschaft Udo per BlackBerry bekannt gibt, in Berlin zu sein, dann klickt man halt »I like«, ohne sich wirklich deswegen zu freuen, oder auch vor lauter Gedankenlosigkeit bei richtig schlechten Nachrichten wie »40 Grad Fieber« oder »Stecke in Tokio fest«. Der kleine blaue Daumen entlastet das kommunizierende Gehirn bis zur Verblödung. Mit ihm wurde die Urteilsfindung ganz einfach: »I like!« – oder eben nicht. Dieses Prinzip hat sich in rasanter Geschwindigkeit auch in andere Bereiche verbreitet. Längst trifft man den Daumen und die Floskel auch außerhalb der sozialen Netzwerke, viele Webseiten haben ihn bei sich integriert und sich damit gleichzeitig stärker denn je an Facebook gebunden. Aber auch in der echten Welt, die aus Menschen und Straßen und Gras und Gefühlen besteht, wird geliked, was das Zeug hält. In Berlin hat irgendjemand angefangen, »I like«-Sticker zu produzieren, die der bewertungsfreudige Hipster auf Plakaten, an Cafés oder Menschen anbringen kann, die ihm zusagen. Auch als Sprühschablone gibt es das Logo mittlerweile, jedenfalls sieht man es auch immer wieder an Hauswänden prangen, vielleicht weil da jemand Nettes wohnt oder eine gute Party gefeiert wurde. Zu einer der Trainerdebatten in der Bundesliga im Winter 2011 sah man Anhänger eines Trainermanagers Plakate in die Fernsehkameras halten, auf denen ebenfalls der blaue Daumen prangte, darunter der Satz: »I like Felix Magath!« Sängerin Keri Hilson war im vergangenen Jahr mit einem funky Soft-R'n'B-Stück »I like« sehr erfolgreich, in dem es irgendwie um heiße Knutschereien im Nachtleben ging. Unter demselben Titel veröffentlichten die britischen Independent-Musiker »The Divine Comedy« ein wunderbares Lied, dessen großartiges Video eine Liebeserklärung an eine außergewöhnlich charakterstarke aufblasbare Sexpuppe darstellte.

Nimm! Mich! Wahr!

Man kann sagen, dass das Mögen und Mögenwollen eine zentrale Gefühlsfigur des zeitgenössischen Menschen ist. Das ist auch nicht allzu verwunderlich, wir leben schließlich in einer Konsumgesellschaft, und die funktioniert nicht ohne positive Reize und Reaktionen. Ablehnung, Abwehr, Wut gelten in einer Struktur, die das Habenwollen und die Nachfrage braucht, als unproduktiv. Wer sauer oder angeekelt ist, dem verschnürt sich die Kehle, das merkt man, wenn man vor lauter Wut nichts essen kann. Dasselbe Prinzip gilt auch für Informationen, Angebote, Produkte – die Konsumfunktion wird radikal eingeschränkt. Wir sind Wut und Ekel aber auch nicht wirklich gewöhnt, denn umgeben sind wir meist von den Bilder- und Sprachwelten der Werbung und Popkultur, und die setzen meist auf Umgänglichkeit – ästhetischer und inhaltlicher Natur. Klar, es gibt den Terminus des »Shock Value«, des Schreckens, der sich auch verkaufen lässt. Aber es gibt Gründe, warum das Gefangenendilemma in der Wirtschaftswissenschaft eine so große Rolle spielt. Der Markt kooperiert lieber, statt zu konfrontieren. Und die Mechanismen der Marktteilnahme hat meine Generation verinnerlicht wie keine vor ihr. Sie geht durch die Welt mit der Sensibilität eines Marktteilnehmers, immer auf der Suche nach dem Ja zum Produkt. Der kritische Reflex ist in ihr deshalb etwas verkümmert im Vergleich zu dem Drang, Gefallen zu finden – und zu erregen.

Die Prinzipien der Aufmerksamkeitsökonomie durchdringen unser Verhalten in allen möglichen Bereichen. Sie sind der Hintergrund des Kommunikationszwangs, der Selbstvermarktung, der Netzwerkerei. Und weil Internetnutzung der kleinste gemeinsame Nenner meiner Generation ist – nicht umsonst ist immer von den Digital Natives die Rede –, zeigt sich das besonders am Verhalten in den sozialen Netzwerken und den anderen Kommunikationsplattformen. Das wird gesteuert von dem verhaltenspsychologischen Prinzip der positiven Verstärkung. Kommentare und Likes sind die Währung, die den Wert eines Online-Beitrags und damit auch eines Online-Teilnehmers beziffert. Wenn ich zum Beispiel einen Blogeintrag veröffentlicht habe, dann sehe ich natürlich regelmäßig nach, wie oft er getwittert wurde, ob und wie die Leser_innen darauf reagieren, ob mein Beitrag oft aufgerufen wurde. Und auch wenn ich schon Hunderte positive und negative Kommentare unter meinen Texten gelesen habe, reagiert etwas in mir immer wieder darauf, wenn ein anonymer Leser mich lobt oder eine anonyme Leserin mir Dummheit vorwirft. Der Magen flattert, der Blutdruck steigt.

Das Gebot der Gefälligkeit

Es gibt einen neuen unmittelbaren Reaktionsmechanismus, der die Interaktion mit unserer Umwelt verändert. Alles fing an mit den Myspace-»Picture Comments«, die, als Myspace noch eine Rolle spielte, für junge Nutzer_innen das wurden, was dem Spielhöllenjunkie seine Chips sind. Das hatte zur Folge, dass wir selbstverständlich vor allem mit solchen Aussagen, Videos oder Fotos an die Öffentlichkeit gehen, auf die wir uns aus unserem Umfeld eine möglichst positive Resonanz erwarten. Jeder von uns kennt diese Bildergalerien mancher Frauen, die aus lauter (Selbst-)Porträtaufnahmen bestehen, bei denen die betreffende Person immer sehr sinnlich/reizend/toll gestylt aussieht. Psychologen der Buffalo University in New York belegten dieses Jahr die relativ einleuchtende Annahme, dass die digital aktiven Frauen, die ihren Selbstwert vor allem über ihr Aussehen definieren, auch verstärkt Fotos von sich selbst ins Netz stellen. Weil sie davon ausgehen, dass sie durch nichts so punkten wie durch Bilder, auf denen sie hübsch sind. Es gibt solche Studien bisher nicht über »Foodies« und Designjunkies, aber die Erfahrung sagt, dass Frauen und Männer, die besonders viel auf ihren Geschmack geben, wiederum oft ihr sorgfältig arrangiertes Essen, ihre Wohnzimmereinrichtung und ihren Musikgeschmack auf ihren Seiten, seien das Blogs oder Profile im sozialen Netzwerk, dokumentieren. Diese Frauen und Männer würden niemals Bikinibilder oder Ohne-Shirt-Fotos von sich veröffentlichen, denn das fänden sie und ihr Umfeld schließlich geschmacklos. Aber das hübsch angerichtete Carpaccio, das sie nach dem Knipsen auf dem tollen Fifties-Service in sich hineinschaufeln werden, zeigen sie gern her und noch lieber, wenn es mit einem digitalen Retro-Filter geschossen wurde. Ähnliches gilt für Aufnahmen aus dem sogenannten Hotel Mama, wenn Um-die-Dreißigjährigen zu ihren Eltern nach Hause fahren und sich dort bekochen lassen. Vor allem an den Festtagen kann man dann zusehen, wie sich die Selbstdarstellungskanäle mit Gänsebraten und hausgemachten Schupfnudeln verstopfen. Das ist nicht nur geteilte Nostalgie, sondern auch geteilte Ästhetik. Und garantiert gehen dafür viele Daumen hoch bei den anderen Anhängern der inszenierten ästhetischen Vorliebe.

Man darf den Effekt, den der Like-Button hat, nicht unterschätzen. Ich meine, er hat sogar, vielleicht bei gefallfreudigen Menschen in ganz besonderem Ausmaß, Suchtpotenzial. Es ist einfach ein gutes Gefühl, wenn man das »richtige« Musikvideo gepostet hat, eine amüsante Statuszeile verfasst, einen besonders erfolgreichen Text geschrieben hat. Gefallen fühlt sich gut an. Ein bisschen zu gut vielleicht.

In meinem Facebook-Umfeld befinden sich zum Beispiel vergleichsweise viele Journalisten, sogenannte Kreativarbeiter und politisch aktive Menschen. Der Menschenschlag also, der sich selbst gern in Wort und Bild äußert, der von Meinungen lebt und Konflikte atmet. Dennoch bestimmt auch hier das gegenseitige Gefallen maßgeblich den Umgang miteinander. Und wenn mal einer nervt, dann schreibt man ihm das nicht direkt. Und manchmal sind solche Online-Nerver ja auch irgendwie praktisch, weil sie einem zumindest zeigen, dass andere Leute viel doofer sind als man selbst. Weil man selbst niemals Fotos von den eigenen nackten Füßen oder Videoaufnahmen des eigenen Babys online stellen würde und somit Selbstvergewisserung in der

Negation herstellt. Sehr praktisch, sehr rationell, allerdings in gewisser Weise nicht sehr menschenfreundlich, weil wir ja unsere Mitmenschen und ihre Mitteilungen letztlich wie Konsumwaren behandeln, bei denen man entweder zugreift oder dankend ablehnt. Man könnte ja auch mal fragen: »Ist dir klar, dass du homophob bist, wenn dir die Seite ›Früher nannte man sie Schwuchtel, heute nennt man sie Styler‹ gefällt?« Oder: »Muss die ganze Welt jeden Sonntag erfahren, was du wieder für zauberhafte Cupcakes auf deinen absolut süßen Küchentisch für deinen tollen Mann gestellt hast?« Aber im Internet lässt man sich in Ruhe, auch wenn man sich nicht in Ruhe gelassen fühlt. Und wenn verbale Gefechte stattfinden, dann meist zwischen Leuten, die sich nicht persönlich kennen. Oder die nicht einmal den Namen des anderen wissen, weil sie ihre Streits als anonyme Kommentatoren austragen. Kann man das noch? Eigentlich absurd: Wir streiten uns, wenn überhaupt, lieber mit jemandem, den wir nicht kennen und dessen Meinung uns eigentlich ziemlich egal sein könnte, statt mit jemandem, den wir gut kennen. Ich selbst bin aufgrund von Texten oder Aussagen im Netz schon wild und farbenfroh beschimpft worden, wurde als hässlich, dumm, ungebildet oder männerhassend bezeichnet. Im echten Leben ist mir das sicherlich seit der siebten Klasse nicht mehr passiert, obwohl es dazu genügend Gelegenheiten gab. Vielleicht merkt man mir im persönlichen Kontakt doch zu deutlich an, dass ich Männer ganz gerne mag. Sicher hängt es damit zusammen, dass man einen Menschen in der direkten Begegnung nicht anonym beschimpfen kann. Jedenfalls finden im realen Leben von Menschen meiner Generation verbale Gefechte extrem selten statt. Wozu auch die Konfrontation eingehen? Die einfachere und pragmatischere Lösung ist es, den Nervmenschen einfach aus dem Newsfeed zu klicken, ihr oder ihm auf Twitter nicht mehr zu folgen. Einfach raus aus der Wahrnehmung, so einfach geht das. Im echten Leben zwar nicht, aber laut der »TNS Digital Life«-Studie verbringen Internetnutzer sowieso durchschnittlich 4,6 Stunden täglich im virtuellen Leben mit Social Media. Man kann davon ausgehen, dass es bei jungen Menschen sogar mehr sind – auch wenn bei manchen sicherlich weniger, weil sie Bücher lesen, auf dem Bau arbeiten oder im Labor stehen. Doch dieser Durchschnitt bedeutet trotzdem, dass viele von uns etwa ein Viertel ihrer Lebenszeit damit verbringen, irgendwelche Aussagen und Links nicht nur selbst in die Welt hinauszublasen, sondern auch unablässig auf die Aussagen und Links von anderen zu reagieren. Im digitalen Bereich des Alltags gibt es wenig, was so traurig und verloren wirkt wie eine unkommentierte und nicht gelikte Statusmeldung auf Facebook. Und es gibt so viele Statusmeldungen! Kein Wunder, dass der Nutzer oder die Nutzerin, je mehr Zeit er oder sie online verbringt, umso bemühter ist, solche HTML-Parias zu vermeiden. Wir sammeln und verteilen Like-Daumen, wir zeigen unserer Peergroup, was wir für tolle Videos kennen, wir retweeten Sprüche und Links, von denen wir glauben, dass sie auch anderen gefallen könnten. In dieser Hinsicht ist meine Generation unheimlich spendabel und großzügig mit ihrer Zeit und ihrer Zuneigung.

Oft haben sehr freigiebige Menschen ein Handlungsmotiv, das über die Freude am Geben und den Wunsch zu teilen hinausgeht. Sie wünschen sich Zuneigung, Anerkennung, Liebe. Sie möchten, dass man an ihnen Gefallen findet.

Genau darauf ist die Ordnung des medial vermittelten Miteinanders angelegt. Content muss vor allem gefallen, um verbreitet zu werden. Und wenn er nicht gefällt, dann sollte er zumindest schockierend genug sein, um abends zum Gesprächsthema zu werden – was ja auch eine Form der Anerkennung ist. »Kneipenfaktor« heißt es im Jargon von Medienredaktionen, wenn das Thema eines Artikels nach seiner Attraktivität bewertet wird. Eine Geschichte oder ein Thema hat dann einen guten Kneipenfaktor, wenn man davon ausgehen kann, dass die Leser_innen abends beim Drink sagen: »Hast du übrigens diese witzige Geschichte heute gelesen?« Der Kneipenfaktor ist im Grunde nichts anderes als der Marktwert einer Geschichte, und diesen zu bestimmen gehört fraglos zu den Aufgaben einer professionellen Redaktion. Doch nach demselben Prinzip funktioniert eben auch oft genug das private Kommunikationsverhalten. Und das führt dazu, dass vieles, was wir miteinander teilen, nicht mehr anstrengend, kritisch oder schwierig ist, sondern albern, kuschelig oder eklig. Ein bisschen, wie es eben mit allen Medienprodukten ist, die wir sonst so konsumieren. Das Gefälligkeitsgebot führt aber, und das ist der eigentliche Punkt, eben auch dazu, dass negative Kritik kaum noch ausgesprochen wird. Im Internet verhalten wir uns da genau wie beim Fernsehen – wenn es nervt, schimpft man vielleicht vor sich hin, aber man geht damit nicht an die Öffentlichkeit. Obwohl monatelang von Facebook-Nutzern vehement die Einführung eines »Gefällt-mir-nicht-Daumens« gefordert wurde, besteht diese Option nach wie vor nicht. Wenn es dir nicht gefällt, klick woanders hin, ignorier es einfach.

Bloß nicht zu kritisch

Die Folge davon ist, dass kritische oder »negative« Äußerungen implizit verdrängt werden. Einerseits ist es verständlich: Ich habe mir den »Gefällt-mir-nicht-Daumen« zum Beispiel nicht gewünscht. Weil ich glaubte, er würde für schlechte Stimmung sorgen, für ein Pöbelklima. Wer will schon die negative Energie in sein digitales Wohnzimmer einladen? Wer will sich schon mit seinen Äußerungen einem digitalen Daumenregime aussetzen, das an die Symbolik der Gladiatorenarena im alten Rom erinnert? Es ist schlimm genug, wenn positives Empfinden nur noch mit einem Symbol ausgedrückt wird, aber anklickbares Missfallen garantiert eine giftige Atmosphäre. Viele von uns haben ihre Onlineplattformen den ganzen Tag in einem Tab geöffnet, während sie am Computer arbeiten; selbst wenn sie in der Bibliothek sitzen und auf eine Prüfung lernen, lenken sie sich zwischendurch mit einem digitalen Rundgang ab. Insofern ist es eigentlich Unsinn, zwischen »echtem« und »virtuellem« Leben überhaupt einen Unterschied zu machen. Da ist klar, dass man es sich eher gemütlich macht, dass man sich eben auch beliebt machen will. Und wenn schon nicht beliebt, dann wenigstens nicht unbeliebt.

Ich glaube aber, dass der Durst nach Aufmerksamkeit und das Bedürfnis nach Reaktionen unsere Fähigkeit zum Konflikt, aber auch zur Weiterentwicklung beschädigen können. Wie Pippi Langstrumpf machen wir uns die Welt, wie sie uns gefällt, wir versuchen es zumindest. Aber anders als Pippi sind wir keine Kinder mehr. Die Welt darf einem nicht immer gefallen, sonst stimmt etwas nicht und sonst lernt man auch nicht, wie man sie ändern kann. Und wenn einem die Welt nicht gefällt, muss man auch sagen können, warum das so ist, um etwas daran zu ändern.

Abgesehen davon, basteln wir uns den Kosmos, aus dem wir Informationen beziehen, ohnehin gar nicht selbst. Wir sind nicht alleine. Das Internet hilft uns.

Nicht nur unser eigenes Verlangen danach, gesehen und gemocht zu werden, prägt unser Miteinander. Es sind auch ganz trockene technische Faktoren im Spiel. Die Algorithmen des Online-Daseins bedienen und verstärken nämlich unsere Gefallsucht. Wer einmal etwas bei Amazon bestellt hat, dem werden nun immer wieder Produkte angeboten, die scheinbar auf seinen Geschmack zugeschnitten sind, diesen aber sicher nicht erweitern. Google sortiert seine Suchergebnisse danach, wie häufig sie genutzt wurden. Der Facebook-Stream scheint ab einem bestimmten Volumen von Freunden diejenigen zu verschlucken, mit denen man weniger zu tun hat (obwohl das nicht erklärt, warum ich dauernd die Statusmitteilungen von Leuten lese, die ich nicht einmal persönlich kenne, während meine besten Freunde für mich kaum zu sehen sind). Ich kann meine Cookies noch so oft löschen – mein Browser weiß trotzdem immer, was gut für mich ist. Wenn ich einmal nach Winterstiefeln gesucht habe, zeigt er mir wochenlang Anzeigen eines Online-Schuhgeschäfts. Das alles ist unter pragmatisch-utilitaristischen Aspekten vielleicht sinnvoll: Das Internet hilft mir, sich selbst zu filtern. Damit ich nicht untergehe in der sogenannten Datenflut, zeigt es mir sogar an, wer meiner Facebook-Freunde einen Artikel gut fand, den ich auf einer Website lese. Von wegen rauer Wind auf dem Daten-Highway, von wegen Global Citizens, die per Mausklick immer etwas Neues finden können. Tatsächlich hat die konventionelle Art der Netznutzung den intellektuellen Effekt eines zu langen Bades in lauwarmem Wasser. Es verstärkt die geistig lähmende Spirale der permanenten Annehmlichkeit. Und es führt möglicherweise dazu – Forschungsergebnisse gibt es bisher nicht, die Vermutung muss ausreichen –, dass wir uns unsere Welt kleiner und engstirniger vorstellen, als sie ist. Warum verschickt man so selten an Freunde einen Artikel, über den man sich geärgert hat? Weil ohnehin niemand mehr mitliest, bis man erst mal erklärt hat, was daran ärgerlich war. Nicht nur unsere Aufmerksamkeitsspanne, auch unsere Toleranz für das Negative hat sich verändert. Hier kommt wieder einmal der heilige Pragmatismus ins Spiel: Am Ende bringt es doch meistens nicht so viel, sich aufzuregen. Doch wer das denkt, unterschätzt die Freuden der artikulierten Kritik und all ihr Potenzial.

Die Harmoniesucht, die mangelnde Freude am konträren Argument zeichnet meine Generation im besonderen Maße aus. Das hängt nicht nur mit der pragmatischen Mentalität zusammen, sondern auch mit der bereits beschriebenen großen Angst. Mit der Angst, unangenehm aufzufallen, oder, was noch schlimmer wäre, gar nicht aufzufallen. Mit der Angst, sich Feinde zu machen in einem Klima, das ohnehin so feindlich wirkt. Und, mehr als alles andere, mit der Angst, einen Fehler zu machen in einer Zeit, die scheinbar jeden noch so kleinen Fehler mit einem gesellschaftlichen Untergangsszenario beantwortet: Wenn ich meinem Professor widerspreche, könnte er mir eine schlechte Note geben. Wenn ich eine schlechte Note bekomme, werde ich niemals einen tollen Job bekommen. Wenn ich einen super Job mache und meinem Chef sage, dass ich es übertrieben finde, jeden Abend bis 22 Uhr zu arbeiten, könnte er mich ersetzen. Wenn ich von meinem Partner verlange, dass er meine Arbeit so ernst nimmt wie seine eigene, könnte er mich für eine anstrengende Emanze halten und gegen eine weniger fordernde Freundin austauschen.

Furchtsame Frauen

Ja, wenn wir über die Konfliktscheu meiner Generation sprechen, muss leider unbedingt von Frauen die Rede sein. Denn die leben die konfliktvermeidende Fleißbienchenkultur besonders auffällig aus. Sie glauben noch vehementer daran, dass Fortschritt, Aufstieg, Gleichheit, Chancen in erster Linie durch Leistung zustande kommen. Daher sind sie von dem Wunsch beseelt, alles richtig zu machen und dabei möglichst nirgends anzuecken.

Frauen, die im Deutschland der Achtzigerjahre (und nicht nur hier) zur Welt kamen, stehen dem Streit und der Unannehmlichkeit eher misstrauisch gegenüber. Das ist gerade dann so, wenn es darum geht, für die eigenen Rechte und Möglichkeiten zu kämpfen. Darin liegt auch der Grund, warum sich zwar viele junge Frauen bewusst sind, dass sie – vor allem mit zunehmendem Alter – Nachteile gegenüber Männern in beruflicher, finanzieller und lebensgestalterischer Hinsicht haben, aber gleichzeitig nicht bereit sind, sich in Anbetracht dessen zusammenzuschließen oder sich zumindest mal laut und deutlich dagegen auszusprechen. Meiner Generation fällt die Solidarität schwer, und es fällt ihr schwer, »wir« zu sagen. Das ist nicht für alle schlimm, doch es ist ein Problem für all diejenigen, die de facto von der Chancenungerechtigkeit betroffen sind: Menschen aus bildungsfernen Schichten, Menschen mit bestimmten Migrationshintergründen, Menschen mit Doppel-X-Chromosomen. (Menschen mit homosexueller Orientierung lasse ich hier weg, weil sie meiner Erfahrung nach im Großen und Ganzen das Ding mit der Solidarität untereinander gut beherrschen.) Noch viel glühender als ihre männlichen Altersgenossen glauben die meisten Frauen meiner Generation daran, dass sie nur selbst alles richtig machen müssen, damit der Erfolg in Karriere und Privatleben auch kommt. Es liegt nicht einmal daran, dass sie für Geschlechterungerechtigkeiten kein Auge haben. Bloß glauben sie eben, dass diese für sie nicht zutreffen, wenn sie selbst nur alles richtig machen. Sie glauben, dass sie für ihren Professor nur eine tolle Abschlussarbeit schreiben müssen und er sie dann schon zu Mitarbeiterinnen macht, auch wenn er bisher nur junge Männer eingestellt hat. Dass sie als Praktikantinnen nur brav alles wegarbeiten müssen, was man ihnen so anträgt, und sie dann schon übernommen werden, auch wenn der männliche Mitpraktikant irgendwie immer die spannenderen Aufgaben bekommt. Dass sie dankbar sein müssen, wenn man ihnen den Vormittag für einen Arztbesuch freigibt, und den dann durch ein paar Überstunden kompensieren, damit man sie als Mitarbeiterinnen schätzt, auch wenn der Kollege irgendwie dauernd spontan ein verlängertes Wochenende zum Skifahren nimmt, ohne ein Gramm dankbar zu sein.

Es ist bekannt, dass viele Frauen mit steigendem Alter von diesem Glauben abfallen. Aber was sollen sie mit Mitte, Ende 20 auch sonst glauben? Junge Frauen heute befinden sich oftmals in einer paradoxen Situation: Sie haben in ihrer Kindheit meist gelernt – Ausnahmen gibt es natürlich –, dass sie zwar einerseits genauso viel wert sind wie die Jungs, dass sie genauso viel erreichen können, genauso frei sind. Andererseits werden an sie andere Erwartungen herangetragen, was ihr Verhalten betrifft. Dankbarkeit für jede Form von Zugeständnis zu zeigen, Gefallen zu suchen, die eigenen Grenzen zu kennen – das sind immer noch eher weibliche Spezialitäten. Auch die modernen jungen Frauen wurden in ihrer Kindheit tendenziell eher fürs Brav- und Liebsein belohnt als für Aufmüpfigkeit. So ist es für sie auch als Erwachsene schwierig, sich dagegen zu wehren, dass sie eben doch anders behandelt werden, dass ihre sexuelle Attraktivität im Vordergrund steht etwa. Gleichzeitig ist es noch viel schwieriger zu akzeptieren, dass sie dabei auch anders bewertet werden – und dass diese Andersbewertung etwas ist, gegen das man sich wehren sollte.

Man sollte allerdings die geschlechtsspezifische Sozialisation nicht überbewerten. Die drei Eigenschaften, die von einem jungen Menschen, der in die Welt hinaustritt, von allen Seiten verlangt werden, sind: Leistungsbereitschaft, Flexibilität und Kooperativität – die sogenannte Teamfähigkeit. Frauen sind aus den oben genannten Gründen dafür eben besonders offen. Deswegen ist es ganz natürlich, dass junge Frauen es zum Beispiel heute einfacher und angemessener finden, für die »richtige Figur« viel Sport zu treiben und Diät zu halten, als geltende Schönheitsideale infrage zu stellen: Weil sie es nicht anders gelernt haben, fällt es ihnen leichter, Körperarbeit zu leisten und ihre Ernährung an die scheinbaren Erwartungen anzupassen, als sich zu wehren. Kein Wunder, dass man nur noch selten öffentlichen Vandalismus an sexistischer Werbung sieht.

Aus demselben Grund lachen Frauen lieber über frauenfeindliche Witze mit, als sich von ihnen mitgemeint zu fühlen. Sie hören weg, wenn ihre Freunde einen anderen Mann als »du Mädchen« oder »du Muschi« beschimpfen, denn der meint das ja nicht so, und den Streit will man jetzt echt nicht führen. Sie haben Bedenken gegen Quotenregelungen, weil sie wirklich glauben, dass ihre individuelle Leistung dann nicht gewürdigt würde. Dass ihre individuelle Leistung in viel zu vielen Fällen möglicherweise gar nicht das ist, worauf es ankommt, will ihnen nicht in den Kopf. Weil wir nämlich nicht in einer echten Leistungsgesellschaft leben, sondern in einer Gesellschaft, in der es auf Zugang und Machtstrukturen ankommt und in der die Leistung von Frauen nach wie vor anders bewertet wird, einfach nur, weil sie Frauen sind.

Mit dieser Haltung sind Frauen natürlich nicht alleine. Die »Ich und meine Ellenbogen«-Mentalität ist geschlechtsneutral, nur zählt sie bei Frauen eben dreifach: weil sie oft genug nicht in der Lage sind, sich gegen Diskriminierung zu wehren und damit für sich selbst zu kämpfen. Weil sie einer solchen Diskriminierung auch noch Vorschub leisten, in der Hoffnung, selbst trotzdem weiterzukommen, und dadurch bestehende Rollen und Ungerechtigkeiten verstärken. Weil sie mit ihrer Ängstlichkeit und Harmoniesucht die Rückwärtsentwicklung der gesamten Gesellschaft in Kauf nehmen.

Die Vermausung der Frauen

Es ist allerdings auch oft genug so, dass man als junge Frau tatsächlich zwei Dinge braucht, um im Berufsleben voranzukommen: ein paar gute Ideen und einen älteren Mann, der einen fördert. Die Strategie, Fleiß und Kooperativität zu koppeln, funktioniert deswegen gar nicht so selten. Das Problem dabei ist, dass die Grenze zur Abhängigkeit schnell überschritten ist. Dass das eintritt, was Bascha Mika in ihrem umstrittenen Buch *Die Feigheit der Frauen* als »Vermausung« bezeichnet: Frauen versuchen ihre Nachteile auszugleichen, indem sie sich besonders reinhängen, anstatt sich besonders in den Vordergrund zu drängen, wie das die männlichen Kollegen oft machen. Und wenn sie sich mal ungerecht behandelt fühlen, zucken sie mit den Schultern und suchen den Fehler lieber bei sich, anstatt auf Konfrontation zu gehen. Eine Bekannte erzählte, wie sie schon am zweiten Arbeitstag im Flur hörte, wie ein älterer Kollege sie als »die kleine Blonde aus der Wirtschaftsredaktion« bezeichnete. Reagiert hat sie darauf nicht. Junge Frauen haben in beruflichen Dingen oft einen ganz blöden Hang dazu, sich den Gegebenheiten anzupassen, und wenn die Gegebenheiten für sie persönlich unangenehm sind, dann reagieren sie darauf mit einem resignierten »So ist das eben«. Einmal saß ich mit ein paar Freundinnen zusammen, wir sprachen über die Schwierigkeiten von Frauen, den Berufseinstieg und die Familiengründung miteinander zu vereinbaren.» Bei jedem Vorstellungsgespräch bin ich bisher gefragt worden, ob ich denn nicht bald Kinder bekommen wolle«, sagte eine, »was soll ich denn dann antworten?« Ich erinnerte sie daran, dass sie diese Frage ja nicht beantworten müsse, weil sie bei einem Vorstellungsgespräch nichts zu suchen habe. Und wenn sie unbedingt was sagen wolle, könne sie ja auch einfach lügen. Meine Freundin schüttelte nur den Kopf: » Aber wenn ich lüge und sage, ich will keine Kinder, dann hätte ich total Angst, dass ich gemobbt werde, falls ich doch mal schwanger werde.« Die andere Freundin nickte sofort zustimmend. Diese Frauen sind beide sehr gut ausgebildet und in ihrem Beruf hoch qualifiziert. Sie könnten sich auch sagen: Für jemanden, der meine Fortpflanzungswilligkeit zum Thema macht, will ich gar nicht arbeiten – und einfach mal ausprobieren, was dann passiert. Stattdessen winden und verbiegen sie sich aus lauter Angst davor, möglicherweise irgendwann mal unbeliebt zu sein, und das auch noch wegen eines rein hypothetischen Szenarios.

Doch die Angst, Widerstand und negative Reaktionen durch eigene Forderungen oder Ansprüche hervorzurufen, scheint meine Frauengeneration zu beherrschen. Das gilt zumindest für das Berufsleben. Vor ein paar Jahren nahm ich an einer Veranstaltung zum Thema Frauen in der Wirtschaftskrise teil. Das Publikum bestand ausschließlich aus jungen Frauen, bot also das, was unter Feministinnen auch als »geschützter Raum« bezeichnet wird: Jede konnte hier etwas sagen, ohne sich zum Beispiel vor Verwunderung, Hohn oder Gelächter von Männern fürchten zu müssen. Die Mitglieder des Publikums waren geladene Gäste, allesamt außergewöhnlich erfolgreiche Studentinnen, die an einer Tagung zum Thema Karriere teilgenommen hatten. Sie gehörten also zu dem, was in Deutschland unter »künftiger Elite« verstanden wird. Eine Stunde lang wurden diesen jungen Frauen Fakten präsentiert, die deutlich machten, dass vor allem Frauen weltweit unter Krisen und Armut leiden. Dann meldete sich eine junge Frau aus dem Publikum, die große Zweifel daran hegte, dass es sich lohne, diese Missstände anzuprangern: »Wenn man auf Konfrontation geht, dann entstehen die Widerstände ja erst«, sagte sie. »Ich will meinen Kollegen lieber beweisen, dass ich genauso viel wert bin wie sie.« Dass etwas grundsätzlich nicht stimmen kann, wenn Frauen permanent beweisen müssen, dass sie auch etwas können, kam ihr nicht in den Sinn. Dass man Probleme nicht wegschweigen kann, dass es zur Konfrontation kommt, weil der Widerstand längst da ist, leuchtete ihr offenbar nicht ein. Wir sind eine Generation von Harmoniejunkies. Und selbst wenn wir die Logik dafür außer Kraft setzen müssen, selbst wenn wir auf unsere Rechte verzichten müssen: Hauptsache, alle haben sich lieb und vor allem uns.

Vor ein paar Jahren begannen ein paar Kolleginnen und ich uns mit der Frage zu beschäftigen, warum sich so wenige unserer Altersgenossinnen noch für feministische Fragen oder Forderungen interessierten, wenn es doch so offensichtlich war, dass sich das Thema in keinem Land der Erde bisher erledigt hat und selbst privilegierte Frauen unter diskriminierenden Strukturen leiden. Wir kamen auf die Idee, man müsste Geschlechterkritik und Frauenrechte einfach nur besser verpacken, ein bisschen verlockender, etwas schmackhafter als bisher. Gewänne das Konstrukt »Feminismus« ein attraktiveres, weniger aggressives Äußeres, ein besseres Image, um im Marketingjargon zu bleiben, könnte er wieder zu einer zeitgemäßen, mainstreamtauglichen Position werden. Sprich: Wenn wir jungen Frauen einen Feminismus anbieten könnten, bei dem sie keine Angst vor dem »Kampfemanzen«-Etikett haben müssten, und mit einem solchen Feminismus auf Männer zugehen könnten, dann würden sich viel mehr Menschen mit einer Sache identifizieren, die sie ja inhaltlich ohnehin befürworten. Ähnlich wie man einem kleinen Kind das Obst eben auf den Milchreis schneidet, damit es überhaupt Vitamine zu sich nimmt.

Heute würde ich sagen, dass wir uns getäuscht haben. Das Problem war nie das »Image« des »Feminismus«. Geschlechtergleichberechtigung ist eine Sache der Konflikte, zähen Verhandlungen, der mal besseren, mal schlechteren Kompromisse, aber eben auch der wütenden Auseinandersetzung. Man kann sich zu keiner politischen Orientierung und zu keinem gesellschaftlichen Projekt bekennen, wenn man nicht bereit ist zu sagen, wogegen man ist. Und gegen etwas zu sein fällt meiner Generation schwer. Denn es verstößt grundsätzlich gegen das Flexibilitätsgebot. Eine Person, die sagt: »Ich bin absolut gegen jede Form von Sexismus, ich lehne es ab, dass in die körperliche Souveränität von Frauen eingegriffen wird, es sind Männer, die Frauen aus den Einflusssphären verdrängen« – eine solche Person kann wirklich nicht behaupten, flexibel zu sein. Sie muss starr sein und Beharrungsvermögen zeigen. Sie muss auch riskieren, sich unbeliebt zu machen, und dieses Risiko gehen wir gar nicht gerne ein. Einer Generation, die gelernt hat, dass Konflikte schlecht sind, Kompromisse die eigene Freiheit einschränken und sich Kampf selten lohnt, könnte man den Feminismus auch in einem Milchreisbett servieren, sie würde wahrscheinlich trotzdem gequält lächelnd ablehnen. Wer nichts fordert, bekommt genau das, so ähnlich hat das die Philosophin Simone de Beauvoir mal über Frauen geschrieben.

Traurige Streber

Das gilt aber nicht nur für Frauen. Die gesellschaftspolitische Lethargie meiner Generation erstreckt sich auf die meisten potenziellen Konfliktfelder. Auch den Klassenkampf kann man ihr nicht schmackhaft machen. Einerseits glaubt sie sowieso nicht an die Existenz von Klassen, sie denkt nicht in Kategorien der Ökonomie, sondern des Habitus. Andererseits ist sie aber auch viel zu sehr damit beschäftigt, ihren eigenen Status zu sichern, sich durchzuwursteln. Es gibt schon Veränderungen, die sich meine Generation wünscht: Die Gletscher sollen nicht abschmelzen, der Regenwald nicht verschwinden, Atomkraftwerke sollen eher ausgeschaltet werden und Frauen und Männer die gleichen Chancen haben. Politiker sollen nicht populistisch regieren, aber auch nicht permanent nur den Willen von Lobbys erfüllen. Die Städte sollen nicht unter Gentrifizierung und Gettoisierung zerbröseln, die Reallöhne sollen steigen, die Printmedien sollen nicht aussterben.

Man kann sagen, meine Generation ist am Status quo interessiert, sie ist eher eine bewahrende als eine revolutionierende Alterskohorte. Sie will die Dinge nicht unbedingt besser machen, hätte aber gerne, dass sie nicht schlechter werden. Das ist definitiv die bequemere Herangehensweise. Diese hängt damit zusammen, dass meine Generation eben nicht kämpfen müssen will. Dass sie den Kampf und den Konflikt als sinnlos und negativ wahrnimmt. Deswegen nimmt sie lieber hin. Als Gesamtbild dominieren bei uns nicht die Querulanten, die sich dadurch Profil verschaffen, dass sie sich mit den Mächtigen anlegen. Bei uns dominieren diejenigen, die pragmatisch ihre Interessen verfolgen, und das unter den Rahmenbedingungen der optimalen Selbstvermarktung.

Vielen ist der Ausdruck im Kopf geblieben, den der Feuilletonchef der *Zeit*, Jens Jessen, vor einiger Zeit für meine Generation fand: »Traurige Streber« seien all die Mittzwanziger, ohne Abenteuerlust und Widerspruchsfreude hangelten sie sich von Bachelormodulen zu Praktika, immer nur auf der Suche nach einer Gelegenheit. Auch wenn der Artikel teilweise ungerecht war, auch wenn sich viele davon beleidigt fühlen mussten, die ganz anders leben, als es der Autor beschreibt – es gibt schon Gründe, warum sich dieses Bild etabliert hat. Es ist in der Breite einfach nicht so schick, dagegen zu sein. Schicker ist es, sich im Wettbewerb durchzusetzen, persönliche Erfolge zu verbuchen und ein angenehmes Leben zu führen. Und auf dem Weg dorthin macht man sich lieber nicht zu viele Feinde.

Aber auch im persönlichen Bereich scheint das Hauptinteresse meiner Generation darin zu liegen, dass sich möglichst wenig am Status quo verändern soll. Es klingt ein bisschen hart, aber wenn man sich die Um-die-Dreißigjährigen heute so anschaut, sieht man: lauter Söhne und Töchter. Kinder der gehobenen und gebildeten Mittelschicht waren in zweierlei Hinsicht ungeheuer privilegiert: wenn es um den Zugang zu finanziellen und kulturellen Ressourcen ging, aber auch wenn es um die Zeit und Zuwendung ging, die unsere Eltern uns angedeihen ließen. All das hat dazu geführt, dass die meisten von uns recht frei von Zwängen und Verpflichtungen groß werden konnten. Klar haben wir kämpfen müssen, aber selten bis zur letzten Konsequenz.

Klassische Geschichten aus meiner Generation: Ich habe eine Freundin, deren Vater sie in der zehnten Klasse vom Gymnasium nehmen wollte, weil man seiner Ansicht nach kein Abitur brauche, um Geld zu verdienen. Als sie trotzdem Abitur machte, finanzierte er ihr jedoch das Studium, unter der Auflage, sie möge wenigstens Betriebswirtschaftslehre studieren. Eine andere Freundin musste jahrelang gegen die eigenen Eltern kämpfen, um auf dem Gymnasium bleiben zu können, obwohl ihre Noten sehr gut waren. Und dann studierte sie auch noch Germanistik. Doch als sie mit 30 nach einem Volontariat wieder ohne Stelle und Einkommen dastand, richteten die Eltern, ohne lange zu fragen, einen Dauerauftrag für ihre Monatsmiete ein. Die Eltern eines anderen Freundes wünschten sich sehr, dass dieser doch noch seinen Doktor machen oder wenigstens einen richtigen Beruf ergreifen möge. Der Freund wollte es eigentlich am liebsten endlich mal auf einer Fotoschule probieren. Aber weil ihm die Eltern ja schon das erste Studium komplett finanziert hatten und ihm auf Teufel komm raus kein anständiger Beruf einfallen wollte, den er gerne ausüben wollte, macht er jetzt eben noch seinen Doktor, auch wenn ihm nichts daran liegt. Die finanzielle Situation wäre sonst auch so kompliziert geworden, ließ er mich wissen.

Wir hängen an unseren Eltern. In jeder Hinsicht. Und das ist einerseits auch schön so – wer wünscht sich die Verwerfungen, die diese mit ihren eigenen Eltern oft erlebten? Wie schön ist es, dass viele von uns ein robustes und freundschaftliches Verhältnis zu ihren Müttern und Vätern pflegen, und wenn es nicht freundschaftlich ist, dann wenigstens von emotionaler Nähe. Die Familiengeschichten der Babyboomer und ihrer kleinen Geschwister sind oft von Kämpfen und Flüchten aus dem Elternhaus gekennzeichnet. Klar, dass sie das bei ihren eigenen Kindern ganz anders machen wollten. Alle Studien sagen, dass für meine Generation die Herkunftsfamilie der wichtigste Bezugspunkt ist. Wir können und sollten uns glücklich schätzen, wenn wir Stabilität und Rückhalt bei unseren Eltern finden, das weiß jede_r, die oder der Freunde hat, wo es anders ist. Doch gleichzeitig verbleiben viele von uns deswegen auch vergleichsweise lange in einem etwas zu bequemen Abhängigkeitsverhältnis, lassen sich bis zum dreißigsten Geburtstag (das ist übrigens oft die magische Grenze, an der auch die großzügigsten Papis einen Strich ziehen) hier noch einen Studiengang, da noch einen Auslandsaufenthalt und hin und wieder sogar ein Kind mitfinanzieren.

Die Journalistin Lara Fritzsche hat über diese Verhältnisse einmal geschrieben, wir seien eine »Generation von Embryonen«, die sich materiell und emotional einfach nicht abnabelten. Es stimmt schon: Wie kleine Babys sehnen wir uns immer nach Wärme und Fürsorge und Nähe zum Nest, vielleicht mit einer kurzen Unterbrechung in der Pubertätsphase. Das Blöde daran ist, dass wir mit dem Rest der Welt, der es erfordert, auch mal auf Nähe und Wärme zu verzichten, dann ähnlich überfordert sind wie kleine Babys. Das Meer der Möglichkeiten, mit dem meine Generation irgendwie überfordert ist, auf das sie aber trotzdem nicht verzichten wollen würde, ist ja in Wirklichkeit ein kuschelig warmes Becken, in dem wir seit unserer Kindheit schwimmen dürfen. Kein Wunder, dass da kaum jemand rauswill. Niemand kann uns vorwerfen, dass wir es immer zu gut gehabt haben, das hat erstens nicht jeder von uns, und zweitens wäre es ein alberner Vorwurf. Aber man kann vielleicht sagen, dass es grundsätzlich schwierig ist, Verantwortung zu übernehmen, für sich selbst, für andere, für die eigene Meinung, für Rechte und Gerechtigkeit, wenn man sich immer an den Planschbeckenrand klammert.

Meine Generation hat nicht nur Angst vor Konflikten, sie ist auch zu bequem dafür. Weil sie zu bequem für die Unabhängigkeit ist. Das, was im Verhältnis zu den Eltern oft schon anfängt, setzt sich einfach in alle anderen Bereiche der sogenannten Erwachsenenwelt, in der wir uns ja längst befinden, fort. Egal, ob es um große Themen wie soziale Ungerechtigkeit oder um persönliche Fronten wie Unterbezahlung oder sexistische Chefs geht, wir haben es uns in der Komfortzone des »Das ist nun mal so, und es wäre jetzt auch schwierig, das einfach zu ändern« eingerichtet. Ob es wirklich so schwierig ist, wissen wir im Zweifel gar nicht – weil wir es gar nicht erst versuchen.

Vielleicht liegt es auch daran, dass so viele von uns Scheidungskinder sind, dass wir Wut und Konflikt als etwas ausschließlich Negatives empfinden. Je enger unsere Beziehung zu unseren Eltern, umso schmerzvoller und dramatischer die Konsequenz von »Streit« in unseren Köpfen, wenn »Streit« zu Trennung führte. Umso weniger lohnend das Konzept »Widerspruch«. Deswegen würden eben nur wenige von uns es als einen gelungenen Abend bezeichnen, wenn man sich bei einem Essen mit Freunden stundenlang wegen Atomkraft oder Afghanistan gestritten hat. Einmal erzählte ich einer argentinischen Freundin, dass ich bei einer Geburtstagsfeier mit ein paar Freunden in einen ernsten Streit geraten war, weil wir uns nicht darauf einigen konnten, ob es gut oder schlecht für unsere noch lange nicht vorhandenen Kinder wäre, sie ohne Fernseher zu erziehen. »Verstehst du, es erschüttert mich, dass Menschen, mit denen ich seit Jahren befreundet bin, so anders denken als ich«, klagte ich. Meine Freundin saß neben mir auf einer Parkbank und schüttelte sich vor Lachen: »In Argentinien streiten sich meine Freunde bei jeder Party und jedem Abendessen immer stundenlang nur über Politik, weil es uns dauernd beschäftigt«, sagte sie. »Die springen sich förmlich an die Kehle. Das kenne ich von euch hier gar nicht, aber auf einmal flippt ihr aus wegen Kindern, dir ihr noch gar nicht habt, und könnt damit nicht umgehen.«

Wer schon mal an so einer richtig aufregenden Diskussion teilgenommen hat, der kennt auch das absolut berauschende Gefühl, das man dabei entwickeln kann. Vorausgesetzt, alle Beteiligten können ihre Meinung klar artikulieren und sind fähig, nicht beleidigt zu sein. Nur mangelt es eben daran oft genug. Wir werden so selten wütend, weil es schöner ist und einfacher, nicht wütend zu sein. Die Frage ist nur, ob das in Anbetracht der vielen Dinge, über die wir nicht nur wütend werden sollten, sondern gegen die wir uns auch wehren sollten, die richtige Einstellung ist. Die Frage ist, wie weit man es so bringen kann. Die Frage ist, ob es sich nicht lohnt, das Planschbecken ein für alle Mal zu verlassen, eine Position zu beziehen und diese Position ernst genug zu nehmen, damit wir sie auch dann verteidigen, wenn es anstrengend wird. Das traurige »I like«-Strebertum muss ein Ende finden. Es wird langsam langweilig.

Kann dieses Brezel mehr Fans als Tokyo Hotel haben?*

Das Primat des Privaten, unsere Unlust an der Öffentlichkeit und warum wir nicht wissen, wie Politik überhaupt geht

*Martin Samorajski

Keine Tendenz, die man am Umgang meiner Generation mit ihrer Umwelt beobachten kann, ist so verheerend wie ihre Abneigung gegen Dissens und Konflikt. Zugegeben: Unter ökologischen und auch menschenrechtlichen Aspekten wiegt unsere Vorliebe für easyJet und schnelle Computer, für Burger- und Bekleidungsketten schwerer. Doch das Grundproblem liegt woanders. Konsumkritik geht uns ja leicht von den Lippen, doch das politische Argument ist in meiner Generation so gut wie ausgestorben. Oder sagen wir: In meiner Generation mangelt es an Sinn für das politische Argument. Das ist kein Wunder, wenn man den umfassenden Zwang zum »Konstruktiven« und die Abneigung gegen alles »Negative« bedenkt. Wie im letzten Kapitel gesagt, schon der Prozess der Kritik ist bei uns verkümmert: Für alles, was wir gut finden, haben wir den Like-Daumen. Für alles, was wir schlecht finden, einen Hide-Button. Der Pragmatismus, der Vorrang des Privaten und die Konsumentenhaltung, die meine Generation nicht nur, aber auch im Verhältnis zur Politik einnimmt, sind nicht nur das Ergebnis unseres postoptimistischen Zeitalters. Sie verstärken auch die kollektive Perspektivlosigkeit.

Das Verhältnis der meisten meiner Altersgenossen zu allem, was mit Politik zu tun hat, zeichnet sich durch tief sitzende Skepsis, große Distanz und begrenzte Begeisterungsfähigkeit aus. Politische Fragestellungen, Diskussionen und politisches Engagement gehören nicht wirklich zu unserer Alltagskultur. Klar ergeben sich immer wieder Themen, die dann doch eine Rolle einnehmen in unserem Alltag: Weil wir den Samstagmittag doch mal auf einer Anti-AKW-Demo (einer urdeutschen Konsensveranstaltung) verbringen statt verkatert im Bett oder beim Abendessen darüber diskutieren, welche arabischen Herrscher nun legitimerweise vom Westen bekämpft werden dürfen oder ob Thilo Sarrazin nicht doch irgendwie recht hatte. Mit den arabischen Protesten, der Atomkatastrophe in Japan und den vielen innenpolitischen Klein- und Großereignissen in Deutschland war das Jahr, in dem dieses Buch erscheint, sicherlich vergleichsweise voll von solchen Impulsen. Aber von so etwas wie einer Politisierung kann deshalb noch lange nicht die Rede sein, wenn man mit Politisierung meint, dass sich eine große Zahl Menschen betroffen fühlt, als Akteure begreift, Verantwortung übernimmt und aktiv die Öffentlichkeit mitgestalten will.

Wir sind eine Generation von Flexibelchen

Generell kann man für meine Altersgenossen sagen, dass die aktive Teilnahme an politischen Prozessen nur noch bei denen zur Alltagskultur gehört, die sich in Parteien oder Initiativen engagieren. Dafür gibt es viele

Gründe. Einer ist, dass wir uns ungern festlegen, egal, ob es um Lebenspartner oder Parteien geht. Ein anderer ist, dass wir uns ungern streiten. Wir sind als Flexibelchen, empfindliche Anpassungswesen, groß geworden, und das überträgt sich auch auf unser politisches Verhalten. Streit empfinden wir als negativ und destruktiv, Widersprüche als qualvoll und zeitraubend. Dass ein Konflikt am Ende besser sein könnte als ein »konstruktiver Dialog«, können sich viele von uns kaum vorstellen. Grundsätzliche Differenzen halten wir schlecht aus, es macht uns schlechte Laune, streiten zu müssen. Gleichzeitig tun sich Mitglieder meiner Generation tendenziell schwer damit, sich mit anderen auf politische Ziele oder gemeinsame Interessen zu einigen. Wir sind nicht gerne »Wir«: Für etwas einzutreten, das über die eigene Individualität hinausgeht, fällt vielen entsprechend schwer. Meine Generation hat das Biegsamkeitsgebot unserer Zeit total angenommen: Wir sind nicht nur bereit, unsere Beziehungen in Fernbeziehungen umzuwandeln, wenn es die Arbeitswelt gebietet, wir sind nicht nur auf das tausendfach wiederholte »Kein Mensch macht heute sein Leben lang nur einen Job« eingestimmt, wir sind auch bereit, unsere Haltungen den Umständen entsprechend anzupassen. Unsere Zeit gehört den leistungsbereiten Pragmatikern, so haben wir das gelernt, und nicht den Querulanten, Sturköpfen und Prinzipienreitern. Deswegen heißt es eben auch, so wenig grundsätzlich wie möglich zu werden.

Das alles führt dazu, dass, egal, wo – in den Hörsälen der Hochschulen, in den Jugendorganisationen der Parteien, in den Redaktionen oder im Kunstbetrieb –, erstaunlich wenige politisch interessante oder provokante Thesen, Ideen oder Aktionen entstehen, die in irgendeiner Form den Zeitgeist beeinflussen. Um dem Widerspruch zuvorzukommen: Klar mangelt es nicht an interessanten Projekten und Initiativen, vor allem im viel gepriesenen Internet. Gerade technisch kompetente junge Menschen nutzen hier alle Formen, um gesellschaftliche Verbesserungen und politische Transparenz zu schaffen. Sicher, in Form von WikiLeaks und dessen Nachfolgeorganisationen treten immer häufiger mehr oder minder politisch motivierte Hacker als neue Akteure an die Öffentlichkeit. Flippige Hipster-Demonstrationen, wie sie die anonymen Gruppen der Hedonistischen Internationale organisieren, Flashmobs gibt es, ja, und auch ein paar neue Ideen, wie »Der kommende Aufstand«, das zivilisationskritische Manifest für einen neuen Anarchismus des französischen »Unsichtbaren Komitees«. (Es fand in Deutschland allerdings längst nicht so viele junge Leser wie das Buch *Deutschland schafft sich ab*, verfasst vom ehemaligen Bundesbankvorstand Thilo Sarrazin. Nach einer Erhebung der *Süddeutschen Zeitung* war der Anteil der 20- bis 29-Jährigen unter dessen Käufern besonders hoch.)

Doch diese Phänomene haben keine Breitenwirkung. Die Mehrheit meiner Alters- und Milieugenossen hält sich bei politischem Aktivismus und generell politischen Stellungnahmen zurück. Und selbst wenn sie eine Stellung einnehmen würden, wissen viele von ihnen nicht so recht, wie man eine Position verteidigt oder eine sogenannte Grundsatzdiskussion führt, die nicht mit Privatthemen zu tun hat.

Einmal erlebte ich in einem politikwissenschaftlichen Seminar die Situation, dass zwei Teilnehmer eine Einschränkung des allgemeinen Wahlrechts forderten. An den Wahlergebnissen in den neuen Bundesländern, bei denen rechtsnationale Parteien immer viele Stimmen erhielten, würde man ja sehen, dass nicht jeder Bürger auch ein mündiger Demokrat sei. Im Kurs kam Unruhe auf, ein Teilnehmer protestierte, man könne das den Ostdeutschen doch auch nicht vorwerfen, schließlich hätten die ihre Gründe, rechts zu wählen. Gegen all diese abstrusen Gedanken fiel aber niemandem sonst ein Argument ein. Es mangelte ihnen ganz offensichtlich am intellektuellen Werkzeug. Und diejenigen, denen eines eingefallen wäre, hatten offenbar keine Lust, es auszusprechen.

Politik – nein danke?

Meine Generation weiß nämlich nicht nur nicht, wie man Politik denkt. Sie weiß auch nicht, warum sich das lohnen sollte. Der Sozialwissenschaftler Ernst Bargel spricht von einer Generation der »labilen Demokraten«, Bürgern, die unser politisches System nicht direkt ablehnen, es aber auch nicht verteidigen.

Vielleicht liegt es an der Beschleunigung der Medien, vielleicht an unseren verkürzten Aufmerksamkeitsspannen: Aber anders, als es seit der Aufklärung und bis in die Achtzigerjahre noch der Fall war, ist heute kaum ein

Thema so zwingend, dass man sich dazu eindeutig positionieren müsste, um sich gesellschaftlich zu verorten. Es gibt ein paar Bereiche, in denen Aktivisten meiner Generation sich hervortun – Datenschutz, Antiatomkraft und die sogenannte Generationengerechtigkeit. Aber man sollte nicht glauben, dass diese Themen für die Mehrheit eine Brisanz haben, dass das sozusagen »unsere Themen« sind, so wie es in den Achtzigerjahren die Abrüstung, die Nachhaltigkeit oder die Gleichstellung der Frau war. Mehr noch: Wir müssen uns nicht einmal mehr zu einem politischen Lager bekennen, um zu sagen, wer wir sind. Es herrscht keinerlei gesellschaftlicher Druck, eine Meinung zu haben: Beim Studierendensurvey der AG Hochschulforschung zeigte sich, dass gerade der Anteil derjenigen, die sich eines Urteils zu Grundsatzfragen enthalten, in den letzten Jahren besonders gestiegen ist. Das liegt auch daran, dass jedes Thema auch wieder zu komplex erscheint, um sich dazu überhaupt eindeutig positionieren zu können. Im Prinzip sieht sich meine Generation vielen irgendwie riesigen, schwierigen Themen gegenüber und hat gleichzeitig eine dermaßen reduzierte Vorstellung ihrer eigenen Urteilskraft und ihres Handlungsvermögens, dass sie ihre Standpunkte und Zielsetzungen eher in den Privatbereich verlegt, dorthin, wo sie sich sicher fühlt.

Man muss sich einfach mal fragen: »Worüber streiten wir?« Vielleicht noch am ehesten über die Frage, ob »wer hier leben will, auch Deutsch lernen muss« und ob es nicht langsam mal Zeit für Jungs-Förderprogramme ist. Doch wer möchte behaupten, das seien »große«

Themen? Wenn wir die diskutieren, reproduzieren wir nur die kleinkarierten Scheindebatten, mit denen Talkshowformate gefüllt werden. Echte Standpunkte verlangen wir einander nicht ab. Für die meisten von uns, auch für diejenigen, die von sich wahrscheinlich sagen würden, dass sie sich für Politik und Tagesgeschehen interessieren, ist schon politisches Denken zu viel verlangt, von politischem Einsatz ganz zu schweigen. Auch im sozialen Umfeld der meisten spielt die politische Haltung nur selten eine explizite Rolle. Deshalb kommt es auch selten zu Auseinandersetzungen. Wir gehen automatisch davon aus, dass unsere Freunde grundsätzlich schon in dieselbe Richtung wählen wie wir, dieselben Grundeinstellungen teilen zu Migration, sozialer Gerechtigkeit, Militär. Das kann manchmal zu bösen Überraschungen führen: Vor nicht allzu langer Zeit eröffnete mir eine Freundin, die offenbar stark unter dem Einfluss damals aktueller Debatten stand, dass in Deutschland ja offenbar die falschen Frauen die Kinder bekämen und dass es deshalb auch wirklich wichtig sei, sich für die Gleichberechtigung der Frauen in der Arbeitswelt einzusetzen: »Frauen wie wir, die gut ausgebildet und ehrgeizig sind, sollten doch Kinder bekommen«, erklärte sie mir, »aber das geht halt einfach nicht, wenn man auch beruflich erfolgreich sein will.« Alles, was sie gesagt hatte, von der Idee, dass nur bestimmte Frauen Kinder bekommen sollten, über die Behauptung, eine Frau könne nicht beruflichen Ehrgeiz mit einer Familiengründung vereinbaren, fand ich grundfalsch. Doch mein Schock darüber, dass eine gute Freundin von mir so konträr zu meiner eigenen Meinung stehen könnte, war größer als mein Verlangen, ihr etwas entgegenzusetzen. Vielleicht war es auch einfach wieder diese verheerende Harmoniesucht, jedenfalls wechselte ich das Thema und verabschiedete mich anschließend mit einem völlig blöden Gefühl. Ich war wütend über die Meinung meiner Freundin und noch wütender auf mich selbst, weil ich nichts dagegen gesagt hatte.

Andererseits wäre es doch auch ungewöhnlich gewesen, aus einem netten Bierabend eine Diskussionsveranstaltung zu machen. Die politische Einstellung gehört für die wenigsten Menschen meiner Generation zu den Kriterien, anhand deren wir unsere Bekannten beurteilen. Es ist nicht etwas, das die meisten von uns bewusst in ihrem Umfeld überprüfen. Ich habe zum Beispiel von meinen Eltern gelernt, dass Antisozialisten vor allem abzulehnen sind, weil sie ihren schwächeren Mitmenschen gegenüber herzlos sind. Das macht für mich nach wie vor Sinn. Die überzeugten Antisozialisten in meinem Bekanntenkreis halten wiederum den Sozialismus für eine grausame Idee, oft weil ihre Familien von seinen real existierenden Erscheinungen betroffen waren. Aber wenn man mal ehrlich ist: Die Frage, ob man für oder gegen den Sozialismus ist, spielt dann doch keine besonders wichtige Rolle. Die hitzigen Diskussionen werden eher darüber geführt, ob Apple jetzt das bessere Unternehmen ist oder Microsoft, als über die Frage, ob Umverteilung in dieser Gesellschaft eine größere Rolle spielen sollte. Vielleicht weil es uns nicht wichtig genug ist, vielleicht weil es nicht zu unserer Vorstellung einer guten Zeit mit Freunden gehört, sich über politische Grundsätze zu streiten. In den meisten Freundschaften ist es wichtiger, gut miteinander auszukommen, als sich gegenseitig die abscheulichen Meinungen auszureden.

Hauptsache Familie

Der private Bereich des Lebens hat bei meiner Generation absoluten Vorrang. Der Studierendensurvey belegt das eindrucksvoll. Nur 28 Prozent der Befragten stuften »Politik und öffentliches Leben« im Jahr 2007 als »sehr wichtig« für sich selbst ein. Die Autoren sprechen von einem langfristigen »Niedergang des Politischen« unter jungen Akademikern, der sich bereits seit den Neunzigerjahren abzeichne. Zum Vergleich: 20 Jahre vorher hielten 39 Prozent der Befragten Politik und Öffentlichkeit für sehr wichtig. Parallel dazu hat sich die Wertschätzung der Herkunftsfamilie auch dramatisch verschoben: Während in den Achtzigerjahren nicht einmal die Hälfte der Studierenden ihre Familie als für sie »sehr wichtig« einstufte, sind es heute knapp 80 Prozent. Laut Familienmonitor des Allensbach Instituts wünschen sich ebenfalls fast 80 Prozent der jungen Erwachsenen in Deutschland eigene Kinder. Auch das war in den Achtzigerjahren noch anders. Meine Eltern erzählen, dass die meisten ihrer linken, kreativen, akademisch sozialisierten Freunde absolut dagegen waren, Kinder zu bekommen. Manche von ihnen schätzten die Zukunftsperspektiven des Planeten schon damals als zu schlecht ein und fanden es verantwortungslos, Kinder in eine solche Welt zu setzen. Lieber wollten sie ihr Leben dem politischen Kampf für eine Verbesserung der Umstände widmen. Manche Frauen traten aus emanzipatorischen Gründen in einen Gebärstreik. Andere wiederum, die Speerspitze der Babyboomer, wollten einfach nur Karriere machen und so hedonistisch wie möglich leben. Bei manchen trafen auch alle drei Gründe zu.

Auf jeden Fall lebten viele Menschen – größtenteils aus den akademisch bzw. materiell privilegierten, urbanen Milieus – zu dieser Zeit nach Kriterien, die weniger mit konventionellen Vorstellungen von Glück und mehr mit Grundsatzentscheidungen zu tun hatten. Sie brachen mit Traditionen, anstatt sie weiterzuführen. Sie wollten nicht so wie ihre Eltern leben, das heißt, sie hielten auch die Lebensumstände der eigenen Eltern nicht für maßstabgebend, so wie das meine Generation tut.

Unter gut ausgebildeten und gut situierten jungen Menschen von heute muss man lange suchen, bis man jemanden mit einer solchen Handlungsorientierung findet. Wer sich keine Kinder wünscht, wird eher mit Misstrauen als Bewunderung bedacht. Vielleicht, weil so viele von uns sich eben selbst immer noch als die Kinder ihrer Eltern definieren und sich im familiären Privatbereich am sichersten fühlen. Der wichtigste Grund ist aber sicher, dass jede Generation auf irgendetwas hoffen muss. Für meine Generation gibt es nun mal nicht viel zu hoffen, was mit der Umwelt, der Kultur oder der Wirtschaft zusammenhängt, und das Leben dem Kampf zu widmen erscheint viel aussichtsloser als in den Achtzigerjahren. Meine Generation glaubt nicht daran, dass es sich lohnt, das Glück in der Gesellschaft zu suchen. Deswegen richten wir uns in beruflich-privaten Nischen ein, orientieren uns an den Versprechungen der privaten Wohlstandsidylle, fester Job, schöne Klamotten, nette Kleinfamilie, gutes Essen, dreimal im Jahr Urlaub.

Unser Interesse und unser Verantwortungsgefühl haben sich eindeutig zugunsten des Privaten und zum Nachteil der Politik verlagert. Die Wünsche meiner Generation haben eben mehr zu tun mit Sicherheit, Tradition, Wärme und Selbsterfahrung als mit Experimenten, Aufbrüchen, Abenteuer und Solidarität. Die sogenannte Wettbewerbsgesellschaft will das ja auch so. Der Mensch braucht in ihr seine Kraft hauptsächlich für das Ellenbogengerangel, kein Wunder, dass da wenig übrig bleibt für Alternativen oder Utopien. Die Welt da draußen erscheint uns als emotional unwirtlich und anstrengend, und das moderne Leben stellt sich für viele als eine einzige Reihe von Verausgabungen dar. Wir sagen schon Ja zur Karriere und Ja zur Leistung – wie sollen wir auch noch Ja zu einer politischen Position oder einer öffentlichen Verantwortung sagen? Zudem sind Familie, Wärme und Sicherheit eben auch etwas Schönes. Meiner Generation wurden ungewöhnlich enge Familienbindungen mitgegeben, und eigentlich können wir dankbar sein, dass diese uns auch im Erwachsenenleben noch halten, gerade dann, wenn uns der Arbeitsmarkt zu einer sonstigen Bindungslosigkeit nötigt.

Doch wie die Autoren des Studierendensurveys schreiben, hat sich in unserem Wertekatalog eine Verschiebung von den »öffentlichen Tugenden«, wie sie der Soziologe Ralf Dahrendorf in seinem Buch *Gesellschaft und Demokratie in Deutschland* beschrieb, zugunsten der »privaten Tugenden« vollzogen. Das ist ein sehr schlechtes Zeichen für die Zivilgesellschaft, denn diese wird, laut Dahrendorf, eben von öffentlichen Tugenden, von Zivilcourage, Bürgersinn und Gemeindeautonomie getragen. Traditionell übernehmen insbesondere die höheren und gebildeten Schichten Funktionen der gesellschaftlichen Verantwortung. Doch wenn nun nicht einmal ein Drittel der jungen Akademiker in einem Land solche Tugenden als »sehr wichtig« einschätzen, steht zu befürchten, dass die Zivilgesellschaft an Zusammenhalt verliert. Denn für uns ist die Allgemeinheit keine bindende Größe mehr. Unser Leben setzen wir im Bezug zu dem, was wir für uns selbst und unsere Allernächsten erreichen, und nicht, was wir als Teil der Gesellschaft bewirken können. Selbst diejenigen, die sich für gesellschaftliche Projekte einsetzen, tun dies verstärkt unter reinen Erfolgsaspekten. Laut einer Studie des Bundesministeriums für Bildung und Forschung ist der Hauptgrund für gesellschaftliches Engagement deutscher Studierender, »Schlüsselkompetenzen zu vertiefen und zu erweitern«, sprich: Wenn sich junge Leute in Vereinen, Parteien oder für Nichtregierungsorganisationen engagieren, geht es oft vor allem um Lebenslaufoptimierung. Insbesondere gilt das für die Freiwilligendienste im Ausland, deren Popularität in den letzten Jahren explodiert ist: Seitdem das Bundesministerium für wirtschaftliche Zusammenarbeit und Entwicklung im Jahr 2008 das Programm »Weltwärts« ins Leben rief, fahren jährlich etwa 10 000 Menschen zwischen 18 und 28 in diverse entwicklungsbedürftige Länder. Dort, so heißt es auf der Webseite des Ministeriums, »erhalten sie die Gelegenheit, sich aktiv mit entwicklungspolitischen Zukunftsfragen auseinanderzusetzen. Neben Sprachkenntnissen erwerben die Freiwilligen interkulturelle Kompetenzen, die in einem zunehmend globalisierten Arbeitsmarkt sehr wertvoll sind« – und dann wohl folgerichtig in die weitere Ausbeutung jener entwicklungspolitisch spannenden Regionen bei irgendwelchen multinationalen Unternehmen investiert werden dürften. Engagement um des Engagements willen ist kein Thema, es muss schon die wirtschaftlichen Schlüsselkompetenzen verbessern.

Natürlich spielen bei einem solchen Engagement auch Ideale eine Rolle – doch meine Generation ist es gewohnt, ihre wenigen vorhandenen Ideale dem Kosten-Nutzen-Prinzip zu unterwerfen. Eine Bekannte, die einen Job als Trainerin für junge Freiwillige hat, erklärte mir: »Mittlerweile ist es nichts Besonderes mehr, mit Erasmus in Frankreich oder England zu studieren. Wer sich absetzen will, muss heute schon nach Uganda oder Bangladesch gehen.« Ein Auslandssemester in Barcelona oder Perugia kann ja mittlerweile fast jede_r junge Bildungsbürger_in vorweisen, da müsse man den Exotikfaktor eben hochdrehen. Und so wird sogar die schöne Neugier auf ein Leben in einer anderen Kultur kühl mit den Anforderungen eines idealen Lebenslaufes verrechnet.

Für die rein pragmatische Perspektive zählt wenig außer dem Ergebnis. Vor allem Ideale und Grundsätze werden von Mitgliedern meiner Generation oft als hinderlicher Ballast angesehen. Deswegen wählt der junge Mann, der sich für total offen und liberal hält, in Bayern trotzdem die CSU, mit der Begründung: »Uns geht's doch gut hier!« Eine Gruppe von jungen Feministinnen beschließt, mit politischen Kräften zu kooperieren, die muslimische Frauen und Männer rhetorisch diskriminieren und deren gesellschaftliche Rechte eingeschränkt sehen wollen. Doch weil diese politischen Kräfte genügend Einfluss und auch selbst ein Interesse daran besitzen, ein Ziel der jungen Feministinnen zu verwirklichen – die Einführung einer Frauenquote in Unternehmensvorständen –, macht es aus pragmatischen Gründen letztlich mehr Sinn, mit ihnen zusammenzuarbeiten, als sie zu bekämpfen. Grundüberzeugungen müssen da eben hintanstehen. Oder nehmen wir jemanden wie den 1984 geborenen Wolfgang Gründinger, der sich als »Politikberater« versteht und der Meinung ist, junge Menschen in Deutschland bräuchten eine starke politische Lobby. Im selben Gespräch kann er einem die Bedeutung einer solchen Lobby für die sogenannte Generationengerechtigkeit erklären und zugleich darlegen, warum das Lobbytum die politische Sphäre kaputt macht. Irgendwie widersprüchlich – die einzige Erklärung dafür kann sein, dass er sein Geld nun mal mit Politikberatung verdient und seine Bekanntheit mit dem Lobbyismus erweitert. Letztlich, sagte er mir einmal, müsse man Politik heute ohnehin projektbezogener machen.

Dafür ist die Lobby natürlich letztlich das ideale Instrument.

 ## Das hat doch alles nichts mit mir zu tun

Damit sind wir schon beim zweiten Grund für das Primat des Privaten. Denn dieses hängt nicht nur mit der eisigen Leistungsgesellschaft zusammen, vor der wir uns in die selbst gebaute Wohlfühlhöhle flüchten wollen. Es hängt eng mit der Verarmung des Politischen zusammen bzw. dessen, was wir heute als Politik wahrnehmen.

Was die Wahrnehmung betrifft, erfahren wir Politik kaum noch unvermittelt. Das, was gemeinhin unter dem Begriff »Politik« geführt wird, also Regierungsarbeit, internationale Diplomatie oder Kriegsführung oder Lokalpolitik, schauen sich zwar viele von uns morgens in der *taz*, tagsüber auf *Spiegel Online* oder abends in der »Tagesschau« an, wir können uns dazu aber kaum noch in Bezug setzen. Es ist fast immer ein Bildschirm, ein Medienfilter zwischen Bürger_in und Vorgang geschaltet, doch welche Vorgänge für das Individuum relevant sein sollen, muss es immer noch selbst entscheiden. So türmen sich die Ereignisse, die unserer Aufmerksamkeit würdig sein sollen, selbst vor zurückhaltenden Medienkonsumenten gnadenlos auf. Der Schriftsteller und Blogger Peter Glaser hat dafür den Begriff der »Zuvielisation« geschaffen, wo die Auskunftsströme »unausgesetzt und vielarmig« fließen und »Veränderung der Zustand« ist. Da bleibt nur noch wenig Spielraum, die vielen Schritte zu tun, die von der reinen Information zum Gedanken »Das hat jetzt etwas mit mir zu tun«, zu der Erkenntnis »Ich will handeln«, zu dem Wissen »Ich weiß, was ich tun kann, und mache das jetzt auch« vollzogen werden müssen. Und bis man so weit ist, haben sich längst schon wieder irgendwelche neuen Aufreger oder Belustiger ins Bewusstsein geschoben. Daher rührt die Schwierigkeit meiner Generation, überhaupt da anzukommen, wo irgendetwas mit einem selbst zu tun hat, das nicht im unmittelbaren Privatleben stattfindet.

Das gilt natürlich nicht für Menschen, die zum Beispiel in der Nähe eines Atomkraftwerks wohnen, Hartz IV beziehen oder in einem Kulturbereich arbeiten, der von Etatkürzungen betroffen ist. Da vor allem die letzten beiden Beispiele auf immer mehr Mitglieder meiner Generation zutreffen – und Atomkraftwerke auch nicht gerade beliebter werden –, gäbe es also genügend Gründe, sich gemeint zu fühlen von dem, was in der Sozial-, Kultur- und Energiepolitik passiert. Doch momentan ist das für die Mehrheit meiner Altersgenossen doch alles sehr weit weg – selbst dann, wenn es sie selbst betrifft, wenn es etwa um Stadtteilpolitik, Arbeitsrechte oder Hochschulpolitik geht.

Die politische Entfremdung meiner Generation ist aber nicht einfach der ratlose Ekel einer verwöhnten Zuguckergeneration vor den Realitäten. Okay, sie ist auch der ratlose Ekel einer verwöhnten Zuguckergeneration. Sie ist aber auch die völlige Frustration und

Langeweile am politischen Betrieb. Wofür steht zum Beispiel das einst hoffnungsvolle Projekt Europäische Union heute noch, außer Rettungspaket, Währungskrise, Deregulierung der Arbeitsmärkte und grausame Asylbedingungen? Warum soll sich heute ein junger Europäer mit diesem Gebilde identifizieren? Natürlich gibt es genügend Gründe dafür, die EU prinzipiell zu befürworten, Gründe, die über Freizügigkeit und den Euro hinausgehen. Aber die Europäische Union ist schon lange kein Projekt mehr, für das sich aufgeklärte junge Menschen rückhaltlos begeistern könnten. Dafür werden ihre Institutionen nicht richtig eingesetzt.

Zudem ist die gefühlte Beliebigkeit der politischen Lager derart, dass man sich als »schon prinzipiell links« klassieren kann, aber trotzdem für das dreigliedrige Schulsystem plädieren, dass man als erklärter Konservativer auch sehr hohe Staatsschulden machen und als grüne Pazifistin ein Interventionsmandat der Vereinten Nationen befürworten kann.

Das hat auch viel mit der Sprache zu tun, in der Politik heute verhandelt wird. Immer wieder – und immer öfter – zeigt sich, dass es eine Art feste Phraseologie gibt, die je nach Lage und Wählerstimmung von links nach rechts eingesetzt wird. So wettern etwa linke und rechte Politiker mit denselben Argumenten und Begriffen gegen »Überfremdung«. Je nachdem, ob gerade eine linke oder eine rechte Partei regiert, argumentieren rechte oder linke Politiker für oder gegen einen Kampfeinsatz, aber immer mit denselben Argumenten: Menschenrechte, Bündnistreue, Freiheit, historische Verantwortung. Als sich Deutschland nicht am Irakkrieg beteiligte, argumentierte die konservative Politikerin Angela Merkel so gegen die rot-grüne Regierung. Und als sich Deutschland acht Jahre später unter Angela Merkel nicht am Libyen-Einsatz beteiligte, argumentierte die rot-grüne Opposition so gegen die konservative Regierung. Wenn nicht mal die Profis sich an eine bestimmte Linie halten können, wieso sollten das junge, entfremdete Bürger denn tun? Und falls wir doch unbedingt mal der Welt mitteilen wollen, dass wir gegen Klimawandel, »die Jagd auf Guttenberg« oder für eine Demonstration in Nordafrika sind, gibt es immer noch genügend Hashtags und Facebook-Gruppen für alle Meinungen. Wenn wir noch ein bisschen mehr tun wollen, dann können wir auch noch E-Petitionen und Blogs starten. Die erfordern keinen großen Aufwand, vermitteln einem aber recht schnell das Gefühl, dass man auch aktiv ist.

Die Veränderung bei den technischen Mitteln der Selbsterklärung trägt also dazu bei, dass sich traditionelle politische Positionen in einem Auflösungsprozess befinden. Auch das zeigt der Studierendensurvey: Wer sich selbst als links versteht, gibt seine Zustimmung auch dem Ziel: »Die Politik soll Kriminalität härter bekämpfen«, einem traditionell eher rechts gelagerten Programmpunkt. Umgekehrt stimmen an sich konservative junge Menschen häufiger traditionell liberalen oder grünen Zielvorstellungen wie der Geschlechtergleichberechtigung oder der Abschaffung der Atomkraft zu.

Derlei inhaltliche Beliebigkeit ist, wie gesagt, absolut zeitgemäß. Umfaller und Opportunisten kennt unsere Rhetorik nicht, und unsere Zeit brandmarkt sie auch nicht.

Politik als Laufbahn

Das liegt nicht nur daran, dass es offensichtlich völlig egal geworden ist, zu welchem Lager man sich zählt, man also selten in die Situation kommt, politische Ideen analysieren, sich politisch erklären oder rechtfertigen zu müssen. Es hängt auch damit zusammen, dass Politik für meine Generation eher so etwas wie eine Karriereoption darstellt. Dies gilt nicht nur für Außenstehende, sondern gerade auch für diejenigen, die sich in Parteien engagieren. Nicht die Berufung, das viel zitierte »Hier stehe ich und kann nicht anders«, sondern die Berufe »Minister«, »Parteisoldat«, »Generalsekretärin«, »Talkshow-Nase« sind unsere erste Assoziation mit dem Begriff.

In der Politik etwas werden kann offenbar nur, wer einer bestimmten, vorgezeichneten Politikerlaufbahn folgt. Das hat Folgen für alle, die Politik für Überzeugungssache halten. Der Journalist Thomas Leif, der ein Buch über junge Politiker mit dem Titel *Angepasst und ausgebrannt. Die Parteien in der Nachwuchsfalle* geschrieben hat, spricht von einem »massiven Anpassungszwang«, dem junge Menschen in allen Parteien ausgesetzt sind. Sprich: Wer nicht auf Linie mit den Granden ist, hat heute kaum noch eine Chance. Und für Menschen, denen ihre politischen Vorstellungen etwas bedeuten, ist es deshalb umso schwieriger, in der organisierten Politik durchzuhalten. Denn, so formulierte das einmal eine erfolgreiche Jungpolitikerin im Gespräch mit mir: »Es gibt schon einen gewissen Entfremdungseffekt, wenn man das hauptamtlich macht.« Zum einen, weil nicht mehr die Leidenschaft, sondern Amtsaufgaben und Machtmanöver im Vordergrund stünden: »Auf einmal sehen einen die Leute, mit denen man jahrelang zusammengearbeitet haben, nicht mehr als Kollegin, sondern als jemanden in einer Position.« Die Gründe, aus denen sie in die Politik eingetreten sei, hätten, sobald sie endlich eine einflussreiche Position innehielt, keine Rolle mehr für ihre Entscheidungen gespielt, weil Sachzwänge letztlich stärker sind als Ideale.

Wer also die eigene politische Überzeugung ernst nimmt, wird sich politisches Engagement kaum antun wollen. Die anderen trifft man in den Jugendorganisationen der Parteien. Und je nachdem, wo man vorbeischaut, muss man immer wieder feststellen: Fast überall regiert der Pragmatismus. Statt etwas neu oder anders zu machen, verhält man sich in den Jugendorganisationen wie in einer Art Minisimulation des Parteienbetriebs. Wer also etwa den »Deutschlandtag« der Jungen Union – die Bundesversammlung der Unions-Jugendorganisationen – besucht, kann zusehen, wie sich glatt rasierte junge Männer Orangensaft von sympathischen Lobbyverbänden wie dem Deutschen Atomforum servieren lassen oder Kugelschreiber und Infos beim EADS-Konzern Cassidian, einem

Waffenproduzenten, einsammeln – nur zwei der zahlreichen wirtschaftsmächtigen Sponsoren der Veranstaltung.

Jungpolitiker_innen passen sich oft genug schon sehr früh den Regeln und Strukturen des politischen Betriebs an. Sie wollen dann eben innerhalb ihrer Partei etwas erreichen, sich pragmatisch vernetzen, Mehrheiten organisieren, bestimmte Posten übernehmen. »Es ist einfach ein geiles Gefühl, Mehrheiten für einen eigenen Antrag zu organisieren und den dann durchzusetzen«, erklärte mir eine ehemalige Grünen-Aktivistin, die heute Ende 20 ist. Als ich sie fragte, ob es nicht auch ganz schön ätzend sei, wenn man im Tausch dafür auch Positionen unterstützen müsse, hinter denen man nicht steht, zuckte sie mit den Schultern: »Klar, aber das gehört dazu.« Der Wille zur Macht muss offenbar stärker sein als der Wille zur Freiheit, wenn man sich politisch organisieren will. Ein junger SPD-Aktivist antwortete, als ich ihm dieselbe Frage stellte: »Also hör mal, man schließt sich ja keiner Partei an, weil man sie so toll findet – sondern weil man sie verbessern will.« Ein an sich vernünftiges Argument, doch die Mehrzahl meiner Altersgenossen sieht das wohl anders: Wenn die ganze Welt voll mit Büchern, Bands, Filmen, Videospielen und Produkten ist, die man toll finden kann – wieso sollte man sich dann an die Verbesserung von Apparaten machen, die offenbar strukturell darauf angelegt sind, die eigenen Überzeugungen zunichtezumachen?

Ich habe einmal versucht, mich einer Partei anzuschließen. Zugegeben, es war ein halbherziger, ziemlich opportunistischer Versuch. Die Neunzigerjahre gingen zu Ende, ich war 16 und auf der Suche nach Menschen, denen der Zustand der Welt auch so zu schaffen machte wie mir. Mit meiner Klassenkameradin Sara diskutierte ich während des Sportunterrichts über den Kosovo-Einsatz, und obwohl ich mir nie so sicher war wie sie, dass es sich dabei um ein Verbrechen handelte, fing ich immer mehr an, mich für ihre Arbeit in der Ortsgruppe der Grünen Jugend zu interessieren. Vielleicht gab es ja doch mehr, was ich für die Welt tun konnte, als zwischen Melancholie und Raserei zu schwanken. Einerseits machten mich die Grünen zwar auch wütend, andererseits machten sie mich nicht so wütend wie die anderen Parteien, und Sara versicherte mir: »Bei uns sind auch viele gegen Joschka, komm doch einfach mal mit.« Schließlich stellte sie mir auf ihrer Geburtstagsparty ein Totschlagargument vor: Der gut aussehende Typ, der eine moderne Frisur trug und mit seinem Gras großzügig umging, war der Sprecher der Ortsgruppe. Von nun an ging ich einmal im Monat zu den Gruppentreffen, ich wurde sogar Mitglied irgendeines Arbeitskreises. Zwischen Bannergestaltung und Infoabenden lernten der Ortsgruppensprecher und ich uns auch immer besser kennen. Er hatte einen gewissen Ruf als Frauenheld und begann schon bald, mich mit bedeutungsschweren Wangenbussis zu begrüßen, aber so richtig stimmte die Chemie nicht. Dasselbe konnte man über mein Verhältnis zur Parteistruktur sagen. Ich hatte schnell festgestellt, dass ich nicht damit zurechtkam, meine Gedankengänge bei den Sitzungen nach Tagesordnungspunkten zu gliedern. Die Diskussionen zwischen den Fundis und Realos empfand ich nach dem dritten Mal schon als selbstherrliches Geschwafel alter Männer (gut, der Älteste unter ihnen war 30, aber ich war damals eben halb so alt). Die Kultur der Besserwisserei in dem verrauchten Sitzungsraum schüchterte mich ein. Meine Stimme schien dort immer ganz besonders hell zu klingen, wenn ich eine Frage stellte. Außer mir stellte übrigens nie jemand eine Frage, im Gegenteil, alle schienen immer alles zu wissen und sich absolut sicher zu sein. Das galt insbesondere für die männlichen Mitglieder, während die jungen Frauen in der Gruppe sowieso dafür bestimmt schienen, Infostände zu betreuen und sich vom Ortsgruppensprecher verführen zu lassen. Ich hatte erwartet, Teil einer größeren Sache zu werden, stattdessen fühlte ich mich nur als Teil einer festgefahrenen Clique. Die Themen, die ich interessant oder wichtig fand, wurden kaum besprochen, stattdessen ging es dauernd nur um Satzungen, Anträge und Kampagnen. Es war ein bisschen, wie wenn man eine Beziehung mit jemandem anfängt, ohne eine Phase von wilder Verliebtheit und permanentem Sextrieb zu erleben, und stattdessen schon nach zwei Wochen nur noch Alltagskram miteinander bespricht, ohne sich seiner Sache wirklich sicher zu sein. Natürlich waren meine Erwartungen völlig falsch gewesen, aber es half nichts: Ich begann, Sitzungen zu schwänzen, beschloss, dass ich keine Zeit für einen Arbeitskreis hatte und dass mich der Ortsgruppensprecher eigentlich auch nicht genug interessierte. Ich litt immer noch am Zustand der Welt und wünschte mir Gleichgesinnte – aber ich hatte nicht das Gefühl, dass sich daran irgendetwas änderte, wenn ich meine Freizeit in einer Partei verbrachte.

Viele Jahre später traf ich mich mit Malte Pennekamp, der sich während der großen Studentenproteste im Herbst/Winter 2009 in München als Pressesprecher hervorgetan hatte und ein halbes Jahr später die Studentenschaft in einem Ausschuss vertrat, in dem es um die Reform der Bologna-Reform gehen sollte. Malte war frustriert, er erzählte, dass die Studierendenvertreter im Ausschuss von den Politikern nicht angehört oder ernst genommen würden und dass sich kaum jemand von den Tausenden Kommilitonen, die ein paar Wochen lang Hörsäle besetzt hatten, heute noch für die konkrete, mühsame Arbeit interessierte, die er mache. »Mein einziges Druckmittel gegen die Regierung ist die Mobilisierung der Studenten«, seufzte er, »aber für die sind die Proteste und das, worum es ging, so weit weg wie das letzte Oktoberfest.« Als ich ihn fragte, warum er sich das Ganze denn überhaupt antue, meinte er: »Irgendeine Sau muss es ja machen, oder?«

Pragmatisches Engagement

Man muss gestalten wollen, die Dinge besser machen wollen, wenn man sich in einer Organisation engagiert. Es reicht nicht, einen Wunsch nach Austausch oder Kontakt zu Gleichgesinnten zu haben. Man muss aber auch gewillt sein, den eigenen Widerwillen gegen viele

Aspekte der Organisation zu verleugnen. Das ist schwierig für die Anti-Wir-Generation. Wer daran also Spaß hat, dem geht es oftmals vor allem um den eigenen Status innerhalb der Organisation. Wenn es um unseren Status geht, sind wir ja schließlich leidenschaftliche Pragmatiker. Diesen Eindruck kann man jedenfalls gewinnen, wenn man mit Mitgliedern der Jugendorganisationen spricht oder deren Veranstaltungen besucht. Einmal interviewte ich die Sprecherin des Bundesvorstands der Grünen Jugend, nachdem sich die grüne Parteispitze gegen die Friedensbewegung und die Proteste gegen den G8-Gipfel in Heiligendamm 2007 gewandt hatte. Die Grüne Jugend hatte sich in einem offenen Brief darüber beschwert, doch sobald ich Paula Riester um genauere Kritik bat, wurde sie ausweichend. Sie wolle einfach nichts gegen Claudia Roth, die damalige Bundesvorsitzende, sagen, erklärte sie mir, denn Claudia tue sehr viel für den Parteinachwuchs und sei ohnehin eine tolle Politikerin, die junge Leute fördere. Offenbar hoffte auch Paula Riester darauf, davon zu profitieren. Und da war sie wieder, die Angst vor dem Konflikt, und das mitten in einer Grundsatzkontroverse.

Ein paar Jahre später besuchte ich die Bundesversammlung der Jungen Liberalen, deren Mutterpartei zu diesem Zeitpunkt ein knappes Jahr mitregierte und ein historisches Tief in den Umfragewerten erreicht hatte. Es war, nur ein paar Monate bevor die FDP-Spitze sich gegen den Parteichef Guido Westerwelle wenden und einen jungen Nachfolger installieren würde. Doch an diesem Abend verbat sich der Vorstand der JuLis jegliche Personaldebatte, er verbat sich aber auch sonst alle Formen negativer Äußerungen, außer wenn es um den Koalitionspartner und natürlich die Oppositionsparteien ging. Der Bundesvorsitzende kritisierte die Berliner Gruppe ein bisschen dafür, dass sie sich migrantenfeindlicher Ressentiments bediene, und sorgte ansonsten für gute Laune. Als ein einsamer Redner forderte, es müsse endlich über Guido Westerwelle gesprochen werden, antworteten ihm mehrere Delegierte, dass dies nicht der Fall sei. Begründungen gab es dafür nicht, außer dass man eben beschlossen habe, keine Personaldiskussionen zu führen. Das Seltsame daran war, dass für die JuLis gar nichts auf dem Spiel stand. Sie können keine Beschlüsse fassen, die für die Partei verbindlich sind, und Mutter- und Jugendpartei sind kaum miteinander verbunden. Hätten also ein paar Leute etwas zu der Personalfrage gesagt oder gar irgendwelche inhaltlichen Debatten geführt, wäre es gar nicht schlimm gewesen. Doch der vorauseilende Gehorsam obsiegte, sogar bei einer reinen Spaßveranstaltung. Die Hunderte von Delegierten, die alle zwischen 20 und 30 waren, wahrten eine inhaltliche Disziplin, die von echten Politikern als Zumutung und Gängelung empfunden worden wäre.

Interessant für mich war, wie bekannt mir die Stimmung vorkam. Die jungen Frauen liefen alle in knappen Röcken und hohen Stiefeln herum, sahen gut aus und sagten wenig. Die jungen Männer trugen nur vereinzelt Anzug – was bei der Jungen Union wiederum Pflicht ist – und gaben sich im Großen und Ganzen recht jovial. Man kam sehr schnell ins Gespräch, und es herrschte kein Mangel an selbstironischen Sprüchen, nicht mal aus dem Vorstand. Die FDP hatte in meinen Augen immer für menschenverachtende soziale Kälte gestanden, doch in der direkten Begegnung stellte ich fest, dass ihre jungen Mitglieder sich in ihrem ganzen Habitus zumindest auf den ersten Eindruck kaum von den Leuten unterschieden, denen ich sonst im beruflichen Umfeld begegne. Sie taten sehr professionell, hatten einen netten Umgang miteinander, fingen so früh wie möglich an zu trinken und wollten sich einfach nur eine gute Zeit und so wenig Stress wie möglich machen. Von einer Freude am Diskutieren oder Streiten war auch hier, mitten auf einer politischen Veranstaltung, sehr wenig zu spüren. Das Ganze glich eigentlich eher einem Journalisten- oder Werbertreffen. Klar, die Leute, die hier waren, hatten sich getroffen, weil sie an ähnliche Werte glauben und ähnliche Vorstellungen davon haben, wie Politik gemacht werden sollte. Weil sie sich mit mehr als ihren Ausbildungen, Jobs oder Familien identifizieren, verbrachten sie ihren Freitagabend eben auf einem Kongress statt in einer Bar. Aber die ganze Veranstaltung hatte die Intensität und die Verbindlichkeit eines typischen Young-Professional-Netzwerks, es wirkte also alles relativ unverbindlich und nicht besonders intensiv, dafür aber unheimlich typisch für meine Generation: lauter vergnügungsbereite, kontaktfreudige und nicht wirklich bewegte junge Menschen, die vor allem den Weg nach oben suchen.

Vielleicht ist es aber auch eher typisch für meine Generation zu glauben, dass Politik etwas so anderes sein sollte als das übliche Karrieremachen und Netzwerken. Dass wir glauben, dass der politische Raum nach anderen Gesetzmäßigkeiten funktionieren sollte, als es der ökonomische Raum tut. Dass wir deswegen so schnell die Begeisterung verlieren, anstatt zu akzeptieren, dass wir die Spielregeln nur beeinflussen können, wenn wir uns selbst beteiligen. Denn man muss sich ja nur die Parteienentwicklung der letzten Jahre ansehen, das in die Jahre gekommene Personal, die Gleichförmigkeit und die Ideenlosigkeit derjenigen, die nachwachsen, um zu merken, dass sich von selbst nichts ändern wird. Thomas Leif, der das Buch über die Nachwuchskrise der Parteien geschrieben hat, fordert, dass unsere Gesellschaft ein Primat des Politischen braucht, wenn ihre Demokratie nicht völlig verkümmern soll. Aber vielleicht müssen wir gar nicht so weit gehen. So viele von uns speisen regelmäßig ihr Privatleben, ihre Fotos, Gedanken und Daten, via Internet oder Casting-Shows in die Öffentlichkeit. Wenn ihnen öffentliche Angelegenheiten für ihr eigenes Leben nur genauso wichtig wären, wie es ihnen ist, in der Öffentlichkeit ihr eigenes Leben auszubreiten, dann könnte schon viel passieren.

Es gibt keine Alternative*

Verantwortung, Generationengerechtigkeit und warum wir einfach nur erwachsen sein müssen

*Angela Merkel

Der Formel-1-Rennfahrer Lewis Hamilton, geboren im Jahr 1985, wurde 2008 Weltmeister und gehört damit zu den bisher erfolgreichsten Menschen seiner Generation. Mit 25 trennte er sich von seinem langjährigen Manager, seinem Vater, verzichtete eine Zeit lang komplett auf professionelle Betreuung und engagierte dann einen der bekanntesten Promi-Manager Großbritanniens. Als er in einem Interview der *Süddeutschen Zeitung* dazu befragt wurde, ob er mit diesen Entscheidungen nun erwachsen geworden sei, antwortete Lewis Hamilton: »Ich würde es nicht erwachsen werden nennen. Ich bin 26, da wächst man nicht mehr.«

Eigentlich sollten wir längst erwachsen sein

Es sagt sich so etwas bestimmt leichter, wenn man als 26-Jähriger auf ein geschätztes Vermögen von 40 Millionen Euro blickt, mehrere Werbepartner und einen lukrativen Fahrervertrag hat. Trotzdem hatte Lewis Hamilton recht. Mit 26 – oder 24 oder 28 oder 32 – müssen wir nicht mehr erwachsen werden, wir sind es bereits. Wer in diesem Alter noch darauf wartet, dass sich ein bestimmter »erwachsener« Gefühlszustand einstellt, am besten mit bestimmten »erwachsenen« materiellen Umständen einhergehend, der kann lange warten. Wer heute Mitte 20 bis Mitte 30 ist, sollte nicht hoffen, dass noch irgendetwas passieren wird, das ihm endlich das Gefühl gibt, ein mündiges Mitglied der Gesellschaft zu sein. Das ist er nämlich, seitdem er 18 ist.

Dass so viele von uns das nicht selbst so empfinden, ist ein entscheidendes Merkmal meiner Generation und eines ihrer größten Probleme. Das hat nicht einfach etwas mit Realitätsverweigerung zu tun, und ein Luxusproblem ist es auch nicht. Denn die Folge ist eine politische und gesellschaftliche Halt- und Haltungslosigkeit. Solange diese Generation nicht begreift, dass es gar nicht mehr ums Erwachsenwerden geht, sondern längst ums Erwachsensein, wird sie weder für sich noch für die Gesellschaft Verantwortung übernehmen können. Aus demselben Grund wird niemand ihr diese Verantwortung zutrauen. Denn wer nicht weiß, wo er in der Welt steht, kann sie auch nicht verändern.

Als erwachsen gilt, wer sich selbst materiell versorgen kann, emotional eigenständig ist, Verantwortung für sich und andere übernimmt. Dass meine Generation, gesellschaftlich gesehen, in einer verlängerten Postadoleszenz zu stecken scheint – Verhaltenspsychologen sprechen immer häufiger von einer neuen Lebensphase der »emerging adulthood«, also dem entstehenden Erwachsenenalter zwischen 20 und 30 –, hat etwas mit den gesellschaftlichen, politischen und wirtschaftlichen Tendenzen und Entwicklungen, die ich in diesem Buch beschrieben habe, zu tun. Es ist sicherlich klar, dass es hier nicht um »immer die bösen anderen« geht oder eine Generalausrede für alles, was schiefläuft. Aber ich denke, dass das, was in der Welt in den letzten 20 Jahren passiert ist, in der Zeit also, über die der Historiker Tony Judt geschrieben hat, sie sei politisch »von Heuschrecken konsumiert worden«, die Grundlagen einer generationellen Grundeinstellung bildet.

Die wirtschaftliche Ausgangssituation

Wichtig ist dabei der Faktor Wirtschaft. Die große Finanzkrise von 2008/2009 ereignete sich für meine Generation in einem Alter, in dem man entweder in den Beruf einsteigt oder die erste Beförderung erwartet, wenn man schon länger arbeitet, in einem Alter, in dem man oft anfängt, über feste Bindungen, Familien- oder Existenzgründungen nachzudenken, sich in seiner Tätigkeit etabliert, ob das die Wissenschaft, die Kunst oder die Steuerberatung ist. Mit Mitte oder Ende 20, einem Alter, in dem man eben loslegen will, erlebte meine Generation die große Ausbremsung. Das Klima der Volkswirtschaft, in die wir gerade eintreten sollten, wurde bestimmt von Einstellungsstopps, Auftragsrückgängen, betriebsbedingten Massenkündigungen. Überall mussten nun erneut Einsparungen geleistet werden, um das zu bezahlen, was bisher ausgegeben worden war. Kurz nachdem der größte »Rettungsschirm« aller Zeiten über der Finanzindustrie aufgespannt worden war, schnürte die deutsche Bundesregierung das größte Sparpaket aller Zeiten, das vor allem die Arbeits- und Sozialpolitik zu stemmen hatte.

Aufbruchsstimmung geht anders, in so einer Lage Zuversicht und Selbstvertrauen aufzubringen ist ein Kraftakt. Und allein der geistige Spielraum für einen solchen Kraftakt ist eng, wenn es dauernd heißt: »Es gibt keine Alternative.« Weil die Finanzindustrie eine zu große Rolle spiele, »too big to fail« sei, hätten Staaten keine andere Möglichkeit, als sich zu ihren Gunsten zu verschulden. Damit begründeten Politiker überall die neuen Belastungen ihrer Bürger, und es war nicht das erste Mal, dass wir dieses Argument gehört hatten. »Es gibt keine Alternative« – zur »Verschlankung« der Universität, zu Einsparungen im Sozialsektor, zu Kürzungen bei der Antirassismuspolitik, zur Eingrenzung der Zuwanderung, zum Aufweichen des Kündigungsschutzes, zur Erhöhung von Krankenversicherungsbeiträgen und Energiepreisen –, dieser Satz tönt meiner Generation seit den Achtzigerjahren in den Ohren, er ist die eine verbale Konstante der letzten 30 Jahre, deren politische Konstante ebendie Zurückschneidung von Chancengleichheit und die Privatisierung von Wohlstand ist. Im Namen der Zukunft wird an der Gegenwart gespart, um die Vergangenheit zu bezahlen.

Am meisten leiden darunter, grob gesagt, zwei soziale Gruppen: diejenigen, die ohnehin arm sind. Und diejenigen, die erst im Begriff sind, an wirtschaftlichen Zusammenhängen teilzunehmen.

Der Anteil der Arbeitslosen zwischen 15 und 24 ist in der ganzen Europäischen Union doppelt so hoch wie der Anteil der Gesamtbevölkerung. Gleichzeitig steigen überall die Ausbildungskosten, in Form von Studiengebühren und einer wachsenden Zahl privater Hochschulen. Je enger der Arbeitsmarkt wird, desto mehr versuchen wir uns mit Bildung zu qualifizieren und umso mehr Geld brauchen wir dafür, während die Chancen, dieses Geld selbst irgendwann zu erwirtschaften, schrumpfen. Und umso länger brauchen wir, in einer Lebensphase anzukommen, in der wir uns das Gefühl innerer Sicherheit gestatten können.

Immer mehr junge Menschen – nicht nur in Deutschland, sondern auch in Spanien, Frankreich oder den USA – sind immer länger finanziell von ihren Eltern abhängig. Laut einer Studie der Kitchens Group von 2011 unterstützen über die Hälfte der Babyboomer-Mütter ihre erwachsenen Kinder noch finanziell. Sie selbst waren zu 86 Prozent bereits im Alter von 25 finanziell völlig unabhängig. Gut ein Drittel der Deutschen unter 30 lebt noch zu Hause, manch einer zieht nach dem Studium wieder bei den Eltern ein. Meine Generation kommt also rein ökonomisch aus ihrer Jugend, aus der finanziellen und damit auch emotionalen Abhängigkeit von denen, die für sie immer die Erwachsenen waren, erst sehr spät heraus. Und umso später fangen meine Altersgenossen an, sich selbst zu den Erwachsenen zu rechnen.

Sicherlich fühlen sich eine Menge Mittzwanziger, die vielleicht gar nicht an der Universität waren oder sehr früh ins Berufsleben eingestiegen sind, deren Eltern kein Geld haben oder die aus Prinzip schon früh die finanzielle Unabhängigkeit anstrebten, von dieser Beobachtung nicht gemeint. Das müssen sie auch nicht. Doch neben ihnen steht eine nicht unbeträchtliche Zahl von Menschen, deren Eltern weit über die Volljährigkeit hinaus noch sämtliche Kosten übernehmen. Wer erst mit 30 zum ersten Mal seine Miete, seine Versicherung und das neue Paar Schuhe komplett selbst bezahlt, durfte sich vorher nicht wirklich erwachsen fühlen. Da geht es immerhin um zehn Jahre in der Volljährigkeit.

Wessen Eltern sich eine solche lang gezogene Ernährerrolle nicht leisten können, hat es auf andere Art schwer: Im März 2011 hatte die Kreditanstalt für Wiederaufbau bereits 100 000 Darlehen an Studenten gewährt. Viele von ihnen haben zusätzlich BAföG beantragt, und so kann es passieren, wie bei einer Freundin von mir, dass eine 30-Jährige sich zwar schon lange selbst versorgt, studiert hat, in zwei Jobs arbeitet, aber trotzdem noch in einer WG wohnt und nur einmal im Monat ins Kino geht, weil ihre Schulden in den mittleren Zehntausend liegen. Obwohl sie von neun Uhr morgens bis neun Uhr abends arbeitet, hat sie also den Lebensstandard einer 20-Jährigen.

Wir haben hohe Standards – und können sie nicht halten

Meine Generation befindet sich in einer besonders paradoxen Lage, weil sie einerseits wohlhabend wie keine Generation vor ihr aufgewachsen ist (und zwar unabhängig von der Einkommensschicht), aber schlechtere Chancen als alle Generationen vor ihr hat, diesen Wohlstand auch nur zu halten. Die intergenerationelle soziale Mobilität hat sich deutlich verringert. Das Vermögen in Deutschland konzentriert sich auf einen immer kleineren Teil der Gesellschaft, ein Drittel der Deutschen besitzt heute überhaupt keines. Die Reallöhne stagnieren ebenfalls seit einigen Jahren, und das, obwohl das Bruttosozialprodukt sich nach wie vor bester Gesundheit erfreut. Nur wenige von uns werden über die Verhältnisse ihrer Eltern hinauskommen. Viele von uns sind aber mit einer finanziellen Sicherheit aufgewachsen, die uns zu materiell extrem anspruchsvollen Menschen gemacht hat, selbst wenn wir ohne externe Hilfe gar nicht in der Lage wären, diesen Ansprüchen zu genügen. Und das sind wir unter den heutigen Bedingungen oft kaum.

»Ich habe viel weniger Geld, seitdem ich mit dem Studium fertig bin«, stellte eine Freundin kürzlich fest. Ich denke, viele von uns teilen diese Erfahrung. Nicht nur weil alles teurer wird, wenn man keinen Studentenausweis mehr hat. Sondern auch, weil so viele von uns während des Studiums einen Lebensstandard genossen, den sich unsere Eltern im selben Alter nicht hätten vorstellen können. Doch weil der Übergang von der Ausbildung bis zu einem echten Einkommen immer länger dauert – und das ist übrigens nicht nur bei Geisteswissenschaftlern so – und die finanzielle Unterstützung der Eltern bei den meisten irgendwann auch ein Ende hat, trifft uns mit Ende 20 auf einmal das Gefühl der schlagartigen Verarmung. Das ist für das Selbstbewusstsein nicht gut und widerspricht dem, was wir über den natürlichen Fortschritt des tätigen Individuums gelernt haben: Je älter man wird, desto besser steht man da.

Dass diese Rechnung oft nicht mehr aufgeht, dafür sind viele von uns mitverantwortlich. Wer sich jahrelang auf den Zahlungen seiner Erzeuger ausgeruht hat, muss sich nicht wundern, wenn er mit 29 nicht als wesentlich qualifizierter gilt als mit 19, auch mit einem abgeschlossenen Komparatistikstudium. Andererseits fehlt es aber auch oft genug an Jobangeboten, selbst für diejenigen, die brav den »Alle zwei Semester ein Praktikum«-Pfad beschritten haben. Wer dann nichts findet, fängt eben jetzt an, sich durchzuwursteln: Der eine arbeitet seit Jahren auf 400-Euro-Basis als Museumsführer und hofft, dass es irgendwann doch mal mit einer Kuratorenstelle klappt, auch ohne Doktortitel. Die andere kellnert dreimal die Woche und finanziert sich davon ihren eigentlichen Traumjob, den Journalismus. Der Dritte hat sich jetzt doch erst mal auf eine Teilzeitstelle bei H&M beworben und denkt darüber nach zu promovieren.

Die Konsumstandards meiner Generation verstärken diese Problematik. Einmal rief ich verzweifelt meine Mutter an und erzählte ihr, dass ich ein mir völlig mysteriöses Minus auf dem Konto hätte. »Ich verstehe das nicht, ich habe mir doch schon ewig nichts mehr gekauft, nicht mal neue Sandalen dieses Jahr«, klagte ich. Voller Verständnis und Sanftmut fragte mich meine Mutter: »Das soll jetzt kein Vorwurf sein, aber hast du schon einmal darüber nachgedacht, wie viel Geld man in Kneipen und Cafés ausgibt?« Nein, das hatte ich nicht. Aber es verging kaum ein Tag, an dem ich mich nicht nachmittags oder abends außer Haus verabredete oder sogar beides.

Mir fiel bei der Gelegenheit der Austausch mit einem guten Freund ein, der etwa zehn Jahre älter ist als ich. Wir wollten in der Nähe der Universität zu Mittag essen. »Ich weiß gar nicht, wo man hier gut essen kann«, gab ich zu, »ich gehe nicht so oft in Restaurants, wenn ich an der Uni bin.« Der Freund sah mich mit einer Mischung aus Entsetzen und Ungeduld an: »Bitte sag mir nicht, dass du dir dein Mittagessen selbst mitbringst! Das passt doch nicht zu dir, so ein trauriges, selbst geschmiertes Pausenbrot.« Ich fand das lustig, erschrak aber auch. Denn einerseits fand ich es normal, nicht besonders traurig und auch nicht unlecker, mir hin und wieder meine Brote selbst zu schmieren. Und es erschien mir unfair, dass jemand, der so viel älter war und so viel besser verdiente, mein Mittagessen unter Coolnesskriterien beurteilte. Andererseits: Fühlte ich mich nicht auch ein bisschen unpassend und schäbig, wenn ich meine Brote aus der Alufolie schälte und sie auf der Parkbank neben der Bibliothek verzehrte? War ich dafür nicht schon zu sehr in der Berufswelt, in der man eben jeden Tag mittagessengeht? Gehörte ich nicht genau genommen ins Lokal? Zwar sagten meine Kontoauszüge etwas ganz anderes, aber meine Kontoauszüge blieben auch deshalb regelmäßig ungeöffnet.

Wir haben es hier mit einem klassischen Luxusproblem zu tun: Die Ansprüche sind höher, als man sie erfüllen kann. »Ich lebe über meine Verhältnisse. Dafür bin ich verdammt gut angezogen«, twitterte eine Bekannte, und ich musste lachen, weil ich so viele Menschen in meinem Alter kenne, auf die das zutrifft, aber so wenige, denen wirklich klar ist, dass ihr Anspruch, verdammt gut angezogen zu sein und dafür viel Geld ausgeben zu können, keine materielle Grundlage hat. Für die Generation meiner Eltern war es zu Ausbildungszeiten nicht selbstverständlich, regelmäßig in Cafés oder Kneipen zu gehen. Dafür war kein Geld da, genauso wie es nicht üblich war, sich als Student_in zu jeder Saison ein paar neue Klamotten zu kaufen. Die Eltern, die selbst als Mittzwanziger zwei Paar Schuhe besaßen, die für den Alltag und die fürs Ausgehen, haben Kinder, die mit Mitte 20 schon einen eigenen Schuhschrank benötigen. Das liegt nicht daran, dass sie bessere Menschen waren, sondern dass ihnen andere Konsumangebote zur Verfügung standen und andere Vorstellungen der eigenen Kaufkraft.

Der Vater eines Freundes, ein Mitglied der Kriegskindergeneration, unterstützte zum Beispiel seine beiden Kinder bis zu ihrem 30. Geburtstag finanziell sehr stark, was ihm eigentlich nicht behagte und weswegen er viel über die Chancen und Perspektiven seiner und meiner Generation nachdachte – oder jedenfalls darüber sprach. Er selbst hatte sich aus der Nachkriegsarmut auf einen Managerposten in einem Versicherungsunternehmen hochgearbeitet, während seiner Ausbildung hatte er ein Zimmer mit einem Kollegen geteilt, weil er sich ein eigenes Zimmer nicht leisten konnte. Doch bereits mit Ende 20 hatte er sein erstes Haus kaufen können – und er hatte einen Job, bei dem er sich schon hätte Mühe geben müssen, um ihn in den nächsten 40

Jahren zu verlieren. Dafür hatte er aber zum Beispiel nicht Kunstgeschichte studiert, wie es sein größter Wunsch gewesen war und wie es seine ältere Tochter getan hatte, die mit 28 den Magister gemacht und erst einmal ein Jahr unbezahlt in einer Galerie gearbeitet hatte, auf seine Kosten. »Ich muss sagen, ich bin wirklich froh, dass ich nicht heute jung sein muss«, gab er einmal zu. Denn in den Sechzigerjahren seien die Zeiten zwar härter, aber doch auch viel einfacher gewesen. »Ihr habt es heute so viel schwerer, und eure Aussichten sind so viel schlechter, als es bei uns damals war«, sagte er bei mehr als einer Gelegenheit. Auf den ersten Blick betrachtet, waren die ersten Jahrzehnte im Leben seiner Kinder sehr viel leichter als bei ihm, dafür sorgte er. Doch diese Leichtigkeit zu halten würde für sie sehr schwer werden, das war ihm klar. Und ob deren Kinder es wiederum irgendwann einmal besser haben würden als sie selbst, das stand zu bezweifeln.

Erwachsen sein – ohne so behandelt zu werden

Der ökonomische Strukturwandel, in den wir hineingewachsen sind, und die Wohlstandsgemütlichkeit, aus der wir kommen, arbeiten zusammen, um das Erwachsensein für meine Generation deutlich zu erschweren. Junge Arbeitsmarktteilnehmer werden immer länger hingehalten, schwingen sich nach dem Abschluss entweder von einem unbezahlten Praktikum zum nächsten, von einem fragwürdigen Job zum nächsten (»Wir können dich leider nur als Volontärin einstellen, aber von den Kompetenzen her ist das schon eine volle Stelle. Vielleicht wird es nächstes Jahr anders«), von einem Aufbaustudium zum nächsten (spart in manchen Städten immerhin Kosten beim Kinobesuch und im öffentlichen Nahverkehr) oder landen dann eben direkt in Hartz IV. Und das, obwohl Deutschland seit Jahren keinerlei ernst zu nehmende Wachstumsschwierigkeiten hat. So instabil, wie unsere Perspektiven sind in einer Welt, in der man alles »richtig« machen kann und es eben doch schiefläuft, so rigide bleibt unser Glaube an Flexibilität und Selbstoptimierung.

Wir sind die beflissene neue Generation der Fort- und Weiterbildungsgesellschaft, einer Welt, in der man »nie mit etwas fertig wird«, wie Gilles Deleuze schreibt: »Unternehmen, Weiterbildung, Dienstleistung sind metastabile und koexistierende Zustände ein und derselben Modulation«, einer Welt, in der dem Individuum jede Chance, irgendwann anzukommen, etwas zu sein, irgendwie genommen scheint. Vor allem die jüngeren Bewohner dieser Welt können, wenn sie nicht gerade zu den privilegierten Schichten gehören, nie ganz sicher sein, nach welchen Regeln gespielt wird. Warum zahlt mir die Kanzlei nicht mal ein 400-Euro-Gehalt, obwohl ich ein Jahr lang nichts anderes gemacht habe, als für das Staatsexamen zu lernen? Wovon soll ich leben, wenn ich als Mediziner_in ein Praktisches Jahr absolviere und ohne Bezahlung Vollzeit arbeite? Wieso bekomme ich kein BAföG mehr, wenn ich neben dem Studium in dem Job arbeite, den ich nach dem Studium machen will, mich also sogar doppelt anstrenge? Und wieso habe ich dann trotzdem nach dem Studium keine Chance auf eine feste Stelle? Sind es jetzt die Beziehungen oder die Leistung oder am Ende doch einfach nur ein Name, die den entscheidenden Unterschied machen? Soll ich vielleicht doch noch etwas anderes lernen, mich noch weiter qualifizieren? Nach dem abgeschlossenen Studium noch ein Volontariat machen? Vielleicht kann ich ja wirklich noch nicht genug. Oder werte ich mich irgendwann doch wieder ab? Und sind das nicht auch wieder die Privilegienprobleme, darf man es sich überhaupt anmaßen, das alles zu hinterfragen?

Zwangspausen

Diese Unsicherheit führt dazu, dass viele von uns sich in einer Art Lebenslaufmarathon verrennen, zunehmend außer Atem immer hinter der nächsten Station her, bis zum frühzeitigen Burn-out.

Mein wirklich allerletztes Praktikum machte ich mit Mitte 20, es war praktisch unbezahlt, nur für Veröffentlichungen gab es Geld. Zu diesem Zeitpunkt hatte ich bereits sechs Jahre Berufserfahrung hinter mir. Fünf Jahre, in denen ich für die Zeit, in der ich arbeitete, immer bezahlt worden war, erst schlechter, dann immer besser. Einige meiner Freunde fragten mich, warum ich mir denn überhaupt eine Hospitanz antäte, das hätte ich doch nicht mehr nötig. »Doch, doch, ich habe noch viel zu lernen«, versicherte ich ihnen. »Außerdem bekomme ich die Chance, mit tollen Leuten zusammenzuarbeiten!« Beides stimmte – und trotzdem hätte ich auf meine Freunde hören sollen. Denn erstens sollte man für die eigene Arbeit nicht bezahlen müssen, auch nicht mit den tollsten Leuten. Und im Grunde genommen tat ich das, denn Miete, Lebenshaltung und Sommer in der Großstadt finanzierten mir andere Jobs. Zweitens lähmte das Bewusstsein, dass ich der einzige Mensch im Büro war, der kein Geld für seine Leistung erhielt, jeden Morgen meine produktiven Fähigkeiten stärker, als es jede Liebeskummerschreibblockade getan hätte. Anders als mit Anfang 20 war meine Sehnsucht nach beruflicher Erfahrung nicht mehr groß genug, um als Zweck an sich zu gelten: Ich wollte einfach nur meine Arbeit machen und dafür nicht eine Rolle spielen müssen, die mir andere auferlegten, nämlich die der Praktikantin. Ich hatte ja selbst schon Praktikanten betreut, ich wusste: Die meisten von ihnen werden als völlig austauschbar und gesichtslos wahrgenommen. Und jetzt sollte ich auf einmal auch so jemand sein. Gleichzeitig fehlte mir aber der Wille herauszustechen, im Gedächtnis zu bleiben, den sogenannten Fuß in die Tür zu bekommen oder irgendeine der anderen Zielsetzungen, die man Praktikanten eben so zuschreibt, zu verfolgen. Dafür verspürte ich ein zu großes Ressentiment gegen die Situation, in die ich mich auch noch selbst gebracht hatte – ich konnte meine Praktikumsbewerbung schließlich nicht auf meinen temporären Chef schieben.

Das Ressentiment ist ein kleines, ekliges und letztlich beschämendes Gefühl. Wer ein überflüssiges Praktikum oder eine dieser Maßnahmen, mit denen das Arbeitsamt seine »Kunden« beglückt, gemacht hat – und ich würde behaupten, das hat eine Vielzahl meiner Altersgenossen –, kennt es. Wenn ich in meinem Bekanntenkreis diejenigen zählte, die ein paar Jahre älter als ich waren, ohne Bezahlung arbeiteten und dabei oft genug nicht gerade gute Laune oder gute Aussichten hatten, fand ich, dass kein Mensch über 25 noch ein Praktikum machen dürfen sollte, jedenfalls kein unbezahltes. Denn jeder, der das tut, macht sich freiwillig zum Unterlegenen in einem Klassensystem. Wie konnte es sein, dass meine sechs Jahre ältere Praktikantenkollegin mit ihrem fertigen Studium, ihrer abgeschlossenen Ausbildung und Berufserfahrung und ich in der Uni-Mensa zum Mittagessen gingen, während die Menschen, mit denen wir arbeiteten, sich im Berliner Edelrestaurant Borchardt oder im Café Einstein trafen? Waren die denn wirklich so viel mehr wert als wir, waren sie so viel besser? Oder hatten sie vielleicht doch einfach die besseren Chancen gehabt? Und wieso lag ich nicht an einem Badesee oder schrieb ein Buch, wieso hatte ich nicht gerade Sex, wieso probierte ich nicht irgendwelche Drogen aus, wieso setzte ich mich nicht gegen Massentierhaltung, Nazis oder gegen Atomkraft ein, anstatt in einem Büro zu hocken und mich mit mir bislang fremden Selbstzweifeln zu beschäftigen? Die Antwort war: weil ich es mir selbst nicht wert gewesen war. Weil ich mich selbst nicht ernst genommen hatte. Natürlich aber auch, weil ich nach einem Grund gesucht hatte, in einer anderen Stadt zu leben, und mir kein besserer als die berufliche Selbstoptimierung eingefallen war. Und weil berufliche Selbstoptimierung für junge Menschen ohne direkte Jobperspektive im kreativen oder journalistischen Bereich nun mal unter »noch ein Praktikum machen« verschlagwortet ist.

Ein anderes solches Schlagwort ist das Aufbaustudium. Das Aufbaustudium geht normalerweise drei Semester, erforderlich dafür ist ein abgeschlossenes Hochschulstudium. Der Sinn des Aufbaustudiums ist theoretisch, im Rahmen der Universität eine Spezialisierung oder Vertiefung der eigenen Fähigkeiten zu erlangen. Es ist damit an sich schon eine etwas widersprüchliche Einrichtung, denn die Spezialisierung soll je eigentlich während des Hauptstudiums stattfinden. Praktisch stellt das Aufbaustudium aber eine Art Exit-Strategie für Menschen dar, denen es nicht gelingt, sich auf dem Arbeitsmarkt zu etablieren und ihre Fähigkeiten hier zu spezialisieren. Wenn es nach dem dritten Praktikum wieder nicht mit einer Stelle klappt, aber für eine Promotion entweder der Wille, die Idee oder der Doktorvater fehlt – dann greifen viele Spätzwanziger eben zum Aufbaustudium und damit zu einer weiteren Verlängerung der Ausbildung. Manche von ihnen interessieren sich bestimmt auch brennend für die Inhalte. Doch auf jeden Fall kann man sich im Rahmen eines Aufbaustudiums noch mal drei Semester lang nicht wie ein Arbeitsloser oder eine Unterbeschäftigte fühlen, sondern wie jemand, der ein akademisches Ziel verfolgt.

Das Aufbaustudium ist eine Art höhnisches Pendant zum zweiten Bildungsweg. Jener gehört zu den beschwerlichsten und größten Wegen, die Menschen, die früh in unserem dreigliedrigen und damit eben auch klassierenden Bildungssystem von der Gymnasiums-Universitäts-Schiene ausgeschlossen wurden, gehen können. Der zweite Bildungsweg ist die einzige Möglichkeit, dieses System irgendwie zu bezwingen. Er bedeutet aber eine wesentlich längere Ausbildungsphase und geht mit viel höheren Hürden (mehr Prüfungen, mehr Schulwechsel, weniger Studienangebote) einher als der erste Bildungsweg, den diejenigen nehmen dürfen, denen das Lernen in der Jugend leichtgefallen ist. Der zweite Bildungsweg ist eine Zumutung, ein unglaublicher Kraftakt, den viele eben nur auf sich nehmen, weil dahinter das Versprechen von besseren Chancen auf dem Arbeitsmarkt winkt.

Das Aufbaustudium imitiert dieses Versprechen, es ist, wenn man einmal seinen Hochschulabschluss geschafft hat, eigentlich eine nette Angelegenheit. »Ich kann das eigentlich nicht so ernst nehmen, denn diesen Uni-Stress habe ich ja irgendwie doch schon mal hinter mich gebracht«, sagte mir eine Freundin über ihren Zusatz-Master, nur um mir kurz darauf von der unglaublichen Projektfülle, die sie im Rahmen dieses Studiums bewältigen müsse, zu berichten. Das ganze Semester über sah ich die Freundin, deren 30. Geburtstag bereits verstrichen ist, ohne dass sie bisher jemals eine Anstellung gehabt hätte, kaum. Weil sie permanent mit Uni-Projekten beschäftigt war, die sie eigentlich nicht ernst nehmen konnte. Das Aufbaustudium ist eine Zumutung, aber von der sanften Art. Es ist letztlich eines der effektivsten Instrumente der akademischen Prekarisierung, aber meine Generation greift danach, weil es ihr erlaubt, sich noch ein bisschen länger so zu fühlen, als sei sie *noch nicht ganz so weit*. Noch nicht ganz so weit, dass sie aufs Geld achten müsste, noch nicht ganz so weit, dass sie aus der WG auszuziehen braucht, noch nicht ganz so weit, dass der Mangel an Beschäftigung dasselbe ist wie Beschäftigungslosigkeit, der Mangel an eigenem Einkommen dasselbe wie Armut.

Die Angst vor der Verantwortung

Dieses »noch nicht ganz so weit« ist aber auch ein kulturelles Produkt, eine Strategie der gesellschaftlichen (Selbst-)Marginalisierung. Soll heißen: »Du bist noch nicht so weit« und »ich fühle mich noch nicht weit« sind die Einschätzungen, die dazu führen, dass Menschen nicht in die Verantwortung genommen werden. Dass sie Verantwortung selten übernehmen, diese ihnen aber auch selten angeboten oder zugewiesen wird.

Die Kultur des Nicht-erwachsen-Werden(-Wollens) wurde möglich durch den ungemeinen volkswirtschaftlichen Wohlstand, der im letzten Jahrhundert entstand und an dem ein paar Jahrzehnte lang alle Schichten teilhaben konnten. Diesem Wohlstand ist die Entwicklung zu verdanken, die Claudius Seidl in seinem Buch *Schöne junge Welt. Warum wir nicht mehr älter werden* beschreibt. Für Claudius Seidl hat sich die gesellschaftliche Bedeutung des »Erwachsenseins« aufgelöst, ja fast könnte man sagen, es hat sich als innerer und äußerer Zustand erledigt. Das kulturelle Konstrukt, das man früher unter »Erwachsen« verstanden habe, ein Zustand, der mit Fortpflanzung, Nachwuchsaufzucht und Hausbau zu tun hatte, sei verschwunden. Und dank der besseren Ernährung, der Errungenschaften der Medizin, der geringeren körperlichen Belastung und der Kompetenzen der kosmetischen Chirurgie ist Altern, also so richtiges, körperliches und gesellschaftliches Altern, in den Industrieländern nicht mehr die Standardeinstellung, sondern ein scheinbar kontrollierbarer Prozess.

»Das ganze Lebensgerüst ist eingestürzt. Die ganzen Biografie-Baupläne taugen nicht mehr«, schreibt Seidl. Mit 30 sei heute keiner mehr 30, und dasselbe gelte für die 40., 50. und 60. Geburtstage, die auch nichts mehr darüber aussagen würden, wie man zu leben habe. Lebensentscheidungen wie diejenigen, die der Vater meiner Freunde getroffen hatte, also für die Versicherung und gegen das Studium, sind nicht mehr zeitgemäß – weil die finanziellen Rahmenbedingungen heute anders sind. Die Generation derjenigen, die in den Fünfziger- und Sechzigerjahren geboren wurden, waren die Ersten, die sich Selbstverwirklichung in einer breiten Masse leisten konnten – und die für ihre Selbstverwirklichung im Studium nicht mit Arbeitslosigkeit zahlen mussten, so wie es eben heute so viele tun. Ihre generationenspezifischen Erfahrungen waren nicht von

Hunger, Armut oder Krieg geprägt. Was erzählen wir uns über die Siebziger, Achtziger und Neunziger? Neben den neuen sozialen Bewegungen und der Protestkultur sind es vor allem neue Höhepunkte der Unterhaltung, der Kunst und des Konsums – Woodstock, Easy Rider, Fassbinder, Madonna, Musikfernsehen. Die kollektiven Erinnerungen und Erfahrungen sind eher positiv, wenn man sie mit denen der vorherigen Jahrzehnte vergleicht.

Das erzeugt eine Leichtigkeit, die jung und locker hält. Man kann eine kühle Distanz zu seiner Umwelt pflegen, man kann es zum Beispiel problematischer finden, ein selbst geschmiertes Brot zur Mittagspause zu essen, als jeden Monat ein paar Hundert Euro, die man ohnehin nicht hat, in Lokalen zu lassen. Man kann es für wesentlich relevanter halten, was für eine Frisur ein Politiker trägt, als welche Vorstellungen er hat. Man kann alles nicht so ernst nehmen, was bisher als ernsthafte Angelegenheit galt, Bindungen persönlicher und politischer Art zum Beispiel, Themen wie soziale Verantwortung oder Rassismus.

In dieser »schönen, jungen Welt« ist es aber gerade für die nachkommenden Generationen wirklich schwer, noch gesellschaftlichen, kulturellen oder ökologischen Optimismus aufzubringen. Während für die Generation derjenigen, die heute über 40 sind, die Abschaffung des Erwachsenseins vor allem eine Frage von Stil und Lebenswandel war, bedeutet sie für meine Generation eher schnöde verzögerte Berufseinstiege, verspätete Familiengründungen, hinausgezögerte Eigenverantwortung, das Gefühl der absoluten Ohnmacht. Claudius

Seidl schreibt: »Wir haben uns angewöhnt, Frauen unter 30 ohnehin als halbe Kinder zu betrachten und Männer in diesem Alter als Grünschnäbel; man muss die 35 schon überschritten haben, wenn man überhaupt ernst genommen werden will.«

Er hat recht, meine Generation bekommt das dauernd zu spüren. Ein millionenschwerer Sportprofi wie Lewis Hamilton muss sich fragen lassen, ob er erwachsen geworden sei. In einem Kommentar zu den Studentenprotesten von 2009 schrieb der Journalist Tanjev Schultz, »die Erwachsenen« müssten endlich »den Studenten« ihre Wertschätzung zeigen – dabei waren und sind die meisten Studenten in diesem Land längst volljährig. Mehr noch: Wer heute unter 30 ist, hat es sich ebenfalls abgewöhnt, sich für voll zu nehmen. Die Frage ist – wird sich das in absehbarer Zeit ändern? Zum einen: Werden Frauen und Männer unter 30 in zehn Jahren anders wahr genommen als heute? Und werden diejenigen von uns, die das magische Alter noch zu erreichen haben, dann einen ganz anderen Status erhalten? Ich glaube, Alter ist letztlich nur eine Zahl. Wir sind Kinder unserer Zeit und nicht die Summe der Jahrzehnte, die wir hinter uns gebracht haben.

Es ist doch so: Nur Menschen, die ernst genommen werden und sich selbst ernst nehmen, können es sich erlauben, mit einer solchen Leichtigkeit das »Erwachsensein« für sich abzuschaffen. Meine Generation hingegen hat sich nicht bewusst abgewandt vom Erwachsensein, sondern sie fängt damit gar nicht erst an. Sie hat sich nicht von den Lebensentwürfen ihrer Eltern oder Großeltern emanzipiert, um ganz anders zu leben, anderen Prioritäten zu folgen oder andere Ideale zu verwirklichen. Im Gegenteil, es würde ihr wahrscheinlich reichen, den Standard zu halten. Sie gehört aber auch nicht zu den Jahrgängen der heute 40- bis 50-Jährigen, die auf dem Höhepunkt des Wohlstands und Weltfriedens junge Erwachsene waren, deren ungetrübter Hedonismus und permanente Ironie vielleicht eine historische Berechtigung hatten, auch wenn wir sie heute manchmal als zynisch oder abstoßend flach empfinden.

Ja, Hedonismus und Ironie sind absolut lebenswichtig: Die Geschichte der faschistischen und der realsozialistischen Regimes hat gezeigt, dass die Abwesenheit von Ironie gerade im Politischen eigentlich geradeaus in den Totalitarismus führt. Und Genuss ist nun einmal die beste Abwehrstrategie gegen den Verbesserungszwang, dem wir uns andauernd ausgesetzt fühlen. Es gibt eben manchmal nichts Wichtigeres, als sich vollkommen antiproduktiv und total unkonstruktiv zu verhalten, einen Abend betrunken oder high zu sein, die Sonnenbrille erst nach Anbruch der Dunkelheit abzusetzen, in einem Straßencafé oder an einem Ufer die Zeit verrinnen zu lassen. Es gibt Phasen im Leben, in denen man alles zu sich nehmen muss, worauf man Lust hat, solange man kann.

Aber: Hedonismus und Ironie sind für meine Generation von Anfang an Teil der Grundhaltung zum Leben und zur Öffentlichkeit gewesen. Von daher ist auch die einzige originäre Subkultur, die wir hervorgebracht haben, die der absolut konsumfreudigen Hipster, eine Kultur, in der es im Prinzip schon längst um nichts anderes geht als Geschmack, ewige Referenzen und die Entleerung von Symbolen und für die man vergleichsweise viel Geld braucht. Diese Hipsterkultur ist letztlich Ausdruck eines Selbstverständnisses, das die reine Konsumentenrolle, die uns zugedacht ist, emphatisch bejaht. Ihr Hedonismus ist nichts weiter als ein Teil der gesamtgesellschaftlichen Verwertungslogik, ihre Ironie ist nicht kühl und distanziert, sondern kalt und entfremdet. Das merkt man schon an den Drogen, die wir nehmen: Leistungsdrogen wie Ritalin, Ecstasy und Koks statt Eskapismusdrogen wie Cannabis, LSD oder Heroin.

Meine Generation hat keine große eigene Gegenkultur, wenn überhaupt, findet man Gegenkultur in der queeren, der veganen, der linksautonomen Szene. Aber selbst wenn man in Berlin, Hamburg oder Köln lebt, ist es nicht gerade so, dass man von der Präsenz dieser Szene übermannt wird. Auch wenn viele von uns queer, vegan oder linksautonom oder alles zusammen leben – und noch mehr von uns von diesen Kulturen beeinflusst sind –, kann wahrscheinlich jedes queere, vegane etc. Individuum bestätigen, dass es sich nicht um ein generationelles Phänomen handelt.

Generationengerechtigkeit gibt es nicht

Es ist in meiner Generation einfach kein breit angelegter oder wenigstens lautstark artikulierter Wunsch nach einer anderen oder besseren Gesellschaft vorhanden.

Die wenigsten von uns wünschen sich, weniger zu haben, anders zu leben, sich neu zu organisieren. Dies würde nämlich ein Denken erfordern, das über den Einzelnen und seine Privatinteressen hinausgeht, und dieses Denken können wir eben nicht. Im Gegenteil, die Mehrheit fände es wohl in Ordnung, wenn die Dinge so blieben, wie sie sind – solange sie nur nicht schlechter werden.

Manche, die sich als Vertreter meiner Generation fühlen, machen genau das zu einer politischen Forderung. Für sie ist es eine Frage der Gerechtigkeit, dass meine Generation gleichwertige Möglichkeiten und Rahmenbedingungen erfahren soll wie ihre Vorgänger. Unter dem Stichwort der »Generationengerechtigkeit« bemühen sich manche Politiker, die Frage aufzuwerfen, wie der Staat eben genau diesen Standarderhalt garantieren könnte. Je nach politischer Ausrichtung stehen bei Verteidigern der »Generationengerechtigkeit« Fragen der Staatsverschuldung oder Ökologie oder beides im Vordergrund. Die einen drohen mit wachsenden Schuldenbergen, die anderen mit schmelzenden Eisbergen. Im Jahr 2009 verlief der Versuch einer parteiübergreifenden parlamentarischen Arbeitsgruppe, die Generationengerechtigkeit als Staatsauftrag in die Verfassung schreiben zu lassen, mit dem Ende der Legislaturperiode im Sand. Diese wäre laut Definition erreicht, wenn die Chancen künftiger Generationen, ihre Bedürfnisse zu befriedigen, genauso groß sind wie die der vorangegangenen Generationen. Wer darüber kurz nachdenkt, muss zu dem Schluss kommen, dass es für Generationengerechtigkeit ohnehin längst zu spät ist, denn allein was die Rohstoffreserven der Erde betrifft, allein was die nukleare Verstrahlung, die Übersäuerung und Überfischung der Meere, die weltweiten Waldbestände oder die Artenvielfalt angeht, stehen wir heute schon viel schlechter da als vor 30 Jahren, und wenn unsere Kinder unser Alter erreicht haben werden, werden sie wohl oder übel ihre eigenen Bedürfnisse an die Chancenlage angepasst haben müssen, statt alles genauso zu machen wie ihre Vorfahren. Selbst ernannte Anwälte der Generationengerechtigkeit, wie etwa der Politikberater Wolfgang Gründinger oder der langjährige Vorsitzende der Jungen Union Philipp Mißfelder, sind der Meinung, dass ihre Generation eine politische Lobby brauche. Für sie ist »Generation« eine politische Kategorie wie Geschlecht oder Schicht.

Aber nicht nur junge, auch ältere Politiker benutzen das Argument, dass irgendjemand doch bitte an die Kinder denken müsse, insbesondere dann, wenn es um Sparmaßnahmen geht. Die Älteren, heißt es dann üblicherweise, hätten zu lange auf Kosten der Jüngeren gelebt, sich diesen unverschämten Sozialstaat geleistet, diese irren Renten und unglaublichen Gesundheitsausgaben. Um für Gerechtigkeit zu sorgen, müssten also die Jüngeren jetzt sofort anfangen zu sparen, bei sich, bei den Alten und der Allgemeinheit. Konservative Generationengerechtigkeitler wie die deutsche Familienministerin im zweiten Kabinett Merkel, Kristina Schröder, oder der britische Premier David Cameron beschwören in dem Zusammenhang ein gemeinsames gesellschaftliches Projekt. Kristina Schröder versucht etwa, Rentner zur freiwilligen Arbeit im sozialen Bereich zu verpflichten, weil die ja ohnehin Zeit hätten. Etwas inspirierter brachte Cameron im Jahr 2010 den Begriff von der »Big Society« ins Spiel. Beides sind Variationen derselben Idee, so viele staatliche Leistungen wie möglich ins Private zu verlagern – entweder zu Dienstleistungsunternehmen oder eben zu unbezahlten Arbeitern.

Diejenigen, die wirklich von all der schönen kostenlosen Bildung, den Zuschüssen und dem bezahlbaren Gesundheitssystem profitiert haben, jene Babyboomer, von denen schon so oft die Rede war, müssen allerdings in diesem angeblichen gesellschaftlichen Projekt keine neue Rolle spielen. Die Wohlhabenden, Reichen und die Konzerne werden im Namen der Wirtschaft von heute von jeglichen Einsparungen und Forderungen verschont. Kann schon sein, dass sie ihren Kindern die Eigentumswohnung kaufen müssen, weil die es sich nicht selbst leisten können. Aber das bringt ja auch steuerliche Vorteile. Und auch meine Generation profitiert noch von diesen Errungenschaften – die Glücklichsten unter uns in Form der Eigentumswohnung. Unsere Verantwortung ist es, nicht einfach seelenruhig dabei zuzusehen, wie diese Errungenschaften Schritt für Schritt abgebaut werden – und das auch noch in unserem Namen und dem unserer Kinder.

Wenn 80 Milliarden Euro an staatlichen Ausgaben gekürzt werden sollen, dann ist das ein Problem für alle, selbst wenn wir wirklich glauben, dass eben jeder für sich sorgen muss. Die Kinder, die Jungen, die Armen, die Alleinerziehenden, die Unvermittelbaren, die Rentner_innen, die Flüchtlinge, die körperlich oder geistig

Behinderten – sie werden getroffen. Die Folge ist soziale Destabilisierung. Denn die sozialen Kürzungen treffen sowohl die gegenwärtige als auch die zukünftige Gesellschaft. Die – kulturelle, soziale und ökologische – Armut, die heute erzeugt wird, strahlt auch in die Zukunft aus. Investitionen, die heute getätigt werden, zahlen sich dagegen morgen in einer stabileren Gesellschaft mit einer besseren Infrastruktur aus. Wie der Soziologe Christoph Butterwegge schreibt, vererben sich nicht nur Schulden, sondern auch Zinsen.

Die sogenannte Generationengerechtigkeit ist also kein Prinzip, für das es sich zu kämpfen lohnt. Weil Gerechtigkeit von Jahrzehnt zu Jahrzehnt immer wieder gesichert werden muss, um weitergereicht zu werden. Wer seine Allianzen nur entlang von Jahrgangsgrenzen bildet, verkennt eine Grundwahrheit: Wir werden nicht immer die Jungen sein. Der kulturelle, ökologische und soziale Wandel, der dafür sorgen würde, dass die Verhältnisse wieder gerechter werden, und zwar für alle, muss aber jetzt beginnen und deswegen auch von dieser Generation ausgehen.

Ja, wir können ... es zumindest versuchen

Dafür ist es notwendig, dass wir anfangen, uns selbst ernst zu nehmen. Nicht zu ernst – denn erstens wäre das langweilig, und zweitens geht es nicht nur um die Interessen von gut ausgebildeten jungen Mitteleuropäern. Ich meine aber, dass es nicht schaden kann, einen Gestaltungswillen aufzubringen. Nur zusehen, kommentieren und kommunizieren darf und wird nicht reichen. Ich glaube, dass das – aus den vielen hier beschriebenen Gründen – nicht gerade einfach sein wird. Denn dafür müsste sich jede_r Einzelne von uns als Akteur begreifen und sich überlegen, wie er handeln möchte. Nicht nur als jemand, dessen Instrumentarium aus Angebotsüberprüfung und Kaufentscheidungen besteht.

Das ist für meine Generation nicht einfach: Wir sind schließlich groß geworden in einer Zeit, in der unablässig der Geist vom »Ende der Geschichte« beschworen wurde. Erklärt wurde damit auch das Ende des Geschichtemachens, das Ende der Relevanz von Politik und Werten zugunsten von Profit und technischem Fortschritt, das Ende des mündigen Bürgers zugunsten des Konsumenten. Trotzdem oder gerade deshalb brachten die Neunzigerjahre noch eine große soziale Bewegung hervor, die der Globalisierungskritik. 13 Jahre nachdem jener bahnbrechende Aufsatz des Philosophen Francis Fukuyama »The End of History?« erschienen war, endete das Ende mit einer politischen Katastrophe, dem 11. September 2001 und den nachfolgenden Kriegen, Folterskandalen und der Geburt der modernen Terrorgefahr.

Zum Kollateralschaden gehörte auch die letzte große, neue soziale Bewegung, die Bewegung der Globalisierungskritik. Die Grenzen verliefen nicht mehr entlang der wirtschaftlichen Achse von Ausbeutern und Ausgebeuteten, sondern entlang der kulturellen: Westen und Nichtwesten. In dieser Ordnung hießen die Akteure nun Terroristen, Nichtterroristen und Terroristenverfolger. Da ist kein Platz mehr für die kritische Partizipation einzelner Bürger. Westliche Selbstkritik, auch und gerade Konsumkritik, wurde als Einladung zum nächsten Anschlag verstanden, als Bestätigung von Islamo-Fundamentalismus. So wurde – in der Debatte, in den Medien und in der Politik – erst die Geschichte abgeschafft und dann die Akteure.

Dieses Klima prägt bis heute unseren Bezug zur Gegenwart. Als der damalige amerikanische Präsidentschaftskandidat im Jahr 2008 die Parole »Yes, we can!« ausgab, reagierten gerade auch junge Menschen darauf so stark, weil es eine ganz andere Botschaft war als diejenige, die in den 20 Jahren zuvor verkündet worden war. Doch wirklich überrascht war wohl niemand, als sich schon bald herausstellte, dass man wohl doch nicht so richtig könne.

In Anbetracht der Situation spricht vielleicht doch einiges für das, was etwa das »Unsichtbare Komitee« fordert: die absolute Partizipationsverweigerung, den Ausstieg aus den gesellschaftlichen Mühlen der Wirtschaft, Medien, Bildung, Politik und vor allem aus der Kommunikation. Vielleicht ist Verweigerung in unserer heutigen leistungsbereiten, anpassungsfähigen, hyperkonstruktiven Zeit die einzige Möglichkeit, Widerstand zu leisten. Denn das Allerschlimmste, was die Gesellschaft vom Individuum verlangen kann, ist am Ende eben doch dieses: »Mach mit, sei dabei!« Niklas Luhmann hat über die Systemkritik geschrieben, dass sie immer auch Teil des von ihr kritisierten Systems sei. Das lässt sich letztlich auch für dieses Buch feststellen –

vielleicht wäre es besser zu schweigen, nichts zu machen, zu warten, bis ohnehin alles in sich zusammenbricht?

Ich glaube das nicht. Ich glaube, zu viele von uns verweigern sich der Öffentlichkeit und der Verantwortung – und wissen nicht einmal, warum sie das tun oder wie es anders gehen könnte. Bevor wir die Kritik aufgeben, sollten wir erst einmal wieder zu ihr finden. Bevor man die Waffen wegwirft, sollte man doch erst einmal nach ihnen gesucht und sie zum Einsatz gebracht haben.

Der französische Philosoph Michel Foucault hat Kritik einmal definiert als »die Kunst, nicht so dermaßen regiert zu werden«. Auf diese Kunst kommt es heute mehr denn je an, denn mehr denn je werden wir regiert – von Interessen, Algorithmen, Projektarbeiten, Zielvorgaben, Konsumanforderungen. Und wir haben mehr denn je zu verlieren, denn sowohl unter ökologischen als auch sozialen Aspekten kommt es gerade auf uns an, auch wenn man uns permanent vermittelt, dass wir nicht gebraucht werden. Die Probleme, die auf meine und zukünftige Generationen zukommen, liegen nicht mehr in der Zukunft, haben aber ein so gewaltiges Ausmaß, dass man sie am liebsten für immer auslagern würde. Die Palmen am Chiemsee werden schon viel eher blühen, als wir damals dachten. Ein großes gesellschaftliches Projekt unter diesen Umständen überhaupt nur zu denken ist sehr viel schwieriger, als es etwa für die engagierten jungen Menschen in den Sechziger- und Siebzigerjahren war. Und es gibt einen entscheidenden Unterschied: »Damals ging es vor allem darum, konkrete Missstände und Strukturen abzuschaffen«, sagte mir der Hochschulforscher Ernst Bargel, der selbst zu 68er-Zeiten studiert hat. »Heute würde es darum gehen, völlig neue Strukturen zu schaffen und Probleme zu lösen, mit denen die ganze Welt zu tun hat. Das ist eine andere Dimension.«

Es ist eine Dimension, die sehr viel inhaltliches Selbstbewusstsein, politische Kompetenzen und mutiges Denken erfordert. Mehr, als in meiner Generation derzeit vorhanden zu sein scheint. Der erste Schritt dahin kann nur sein, Kritik und Widerstand zu üben, egal, in welcher Form. Kaputt zu machen, was uns kaputt macht, nicht immer nur alles besser, sondern auch mal alles ganz anders zu denken. Wir müssen nicht als plappernde, erschöpfte Hüllen durchs Leben gehen, immer konzentriert darauf, die Vorgaben zu erfüllen und nicht durchs Raster zu fallen. Wir müssen nicht immer nur zuschauen. Es gibt eine Alternative. Man muss sie nur suchen.

Epilog

Über Luxusprobleme und warum sie
zum Heulen sein können

»Die Apathie meiner Generation widert mich an.« So beginnt eines der bekanntesten Zitate von Kurt Cobain, ein Wutausbruch, abgedruckt in einem Interview. An seiner Generation missfalle ihm vor allem deren politische Apathie: »Es widert mich an, was wir zulassen, wie rückgratlos, lethargisch wir sind, dass wir nicht aufstehen gegen Rassismus, Sexismus und all die anderen ›-ismen‹, über die die Gegenkultur seit Jahren jammert, während sie Abend für Abend dasitzen und genau dasselbe vor ihren Fernsehern und in ihren Magazinen noch verstärken.«

Die Verzweiflung an der eigenen Generation und ihre Attacke scheint eine Konstante der westlichen Existenz zu sein. Und es hat sich, obwohl Kurt Cobain mittlerweile schon über 40 wäre, seit seiner Beschwerde eigentlich nicht viel geändert, es ist jedenfalls nicht besser geworden. Die politische Apathie ist immer noch mehr oder weniger verbreitet, die Hilflosigkeit und der Rückzug aus dem öffentlichen Leben haben sich verstärkt, die Kräfte der Marktwirtschaft scheinen jedes Detail unseres Lebens, von den Konsumentscheidungen über die Lebenslaufplanung bis zum Selbstbild der Menschen, noch stärker im Griff zu haben als je zuvor. Man kann meiner Generation in ihren Funktionen als Konsumenten, Kritiker und Bürger durchaus vorwerfen, dass viele von uns weder Rassismus noch Sexismus genügend ernst nehmen und, wenn wir sie ernst nehmen, dennoch nicht fähig sind, eine effektive Kritik auszudrücken.

Von uns ist bisher kein Signal ausgegangen, irgendetwas anders machen zu wollen als unsere Vorgänger. Es gibt nicht viel, von dem wir glauben, es besser machen zu können. Das Einzige, was diese Generation wie eine nervtötende Pop-up-Werbung vor sich herträgt, ist ihre Fähigkeit, relativ gut mit dem Internet umgehen zu können. Doch mit einem gesellschaftlichen oder politischen Projekt hat das nichts zu tun. Schon klar, wir wissen so in etwa, wie man bloggt und twittert, und können uns ganz schnell mit Hashtags zu Interessengruppen zusammentun, die meisten von uns wissen, wie ein RSS-Feed funktioniert. Ein paar Hundert von uns werden sogar, zumindest kurzfristig, den Absprung aus dem akademischen Prekariat schaffen, indem sie mit ihren Blogger_innen-Qualifikationen befristete Posten als »Social Media Manager« oder Ähnliches übernehmen.

Andere wiederum nutzen ihre Skills für gesellschaftlich nützliche und relevante Projekte. Immer mal wieder organisiert jemand in Deutschland eine Spontandemo über das Internet, so wie jenen schon legendären Flashmob bei einem Wahlkampfauftritt von Angela Merkel in Hamburg, als sich Hunderte versammelten und Merkels Rede mit ironischem Applaus und »Yeah-Rufen« unterbrachen. Gemeinsam mit dem digital organisierten Sturm gegen den plagiierten Doktortitel des ehemaligen Verteidigungsministers und CSU-Mannes

Karl-Theodor zu Guttenberg war das jedoch das Höchste der Gefühle, und die waren weder generationsspezifisch noch generationsprägend.

Denn im Großen und Ganzen muss man sagen: Diese Generation ist gefangen in ihrem postoptimistischen, hyperflexiblen, nervös plappernden Zustand, vollauf beschäftigt mit ihren Informations- und Kommunikationsnetzwerken und völlig auf sich selbst, die eigene Distinktion – über Geschmack und Status – und ihre eigenen Vorteile fixiert. Ihre einzige massenrelevante Subkultur, die Hipster, kommt ganz ohne Solidarität aus, ihr Umgang mit Pornografie oder Fragen sozialer Gerechtigkeit beschränkt sich auf das Ästhetische.

Damit unterscheiden wir uns nicht einmal besonders vom Rest der Gesellschaft. Wir sind nicht besser oder schlechter als die Achtundsechziger oder diejenigen, die heute zwischen 40 oder 50 sind. Was meine Generation aber eben von jenen Vorgängern unterscheidet, sind ihr flächendeckendes Desinteresse an Politik, ihre apathische Haltung zur Demokratie, ihre Abneigung gegen Verpflichtungen außerhalb der Berufssphäre, ihre bemerkenswerte Entsolidarisierung und nicht zuletzt ihre Unfähigkeit, Kritik zu üben. Dass diese Eigenschaften nicht geburtsjahrgangsimmanent sind, sondern durch gesellschaftliche, wirtschaftliche und politische Entwicklungen in den letzten drei Jahrzehnten hervorgebracht wurden, das zu zeigen war ein Ziel meines Buches.

Die Luxusprobleme meiner Generationen – die diffusen Ängste, die Schwierigkeiten, sich zu entscheiden, erwachsen zu sein – sind wirklich zum Heulen: Wie sollen wir auf Verbesserung hoffen, wenn die beste Zeit offenbar in unserer Kindheit stattfand? Was bringen all die Chancen, die Auslandsaufenthalte und die Vereinsmitgliedschaften, das internationale Studium und die behüteten Elternhäuser, wenn wir all das unseren eigenen Kindern nicht mehr versprechen können? Wie können und warum genau sollten wir uns aus der Dauerquasselmaschinerie befreien, wenn sie jeden Aspekt unseres Alltags beherrscht? Was hilft uns die ganze Mobilität, wenn sie uns entwurzelt, was die Flexibilität, wenn sie Selbstzweck geworden ist?

Der Begriff des Luxusproblems suggeriert: Das, was dich umtreibt, muss man sich erst einmal leisten können. Das »Luxusproblem« ist die kleine Schwester der Wohlstandsdepression, der Trauer am Zuviel. Doch muss man über die Luxusprobleme meiner Generation zweierlei sagen: Erstens haben wir sie nun mal, also müssen wir damit umgehen. Und zweitens hängen viele dieser Probleme mit ganz realen gesellschaftlichen Missständen und kulturellen Fehlentwicklungen zusammen, die man sehr wohl anprangern kann und gegen die man auch vorgehen muss.

Es liegt an uns, den Fokus von uns selbst zu nehmen. Nicht mehr darüber zu jammern, dass wir niemals den Status unserer Eltern erreichen können, und uns stattdessen von dem ganzen Statusdenken zu befreien. Nicht mehr über so viele Optionen zu klagen, sondern einfach mal zu verstehen, dass es ein Leben gibt, das man nach bestem Wissen und Gewissen leben kann. Und vor allem: unsere Freiheit nicht als Bedrohung wahrzunehmen, sondern als das Geschenk, tun zu können, was wir wollen.

Wir leben nicht in einem utopischen Moment, sondern in einem postutopischen. Es könnte natürlich schlimmer sein, aber wir können uns nicht wirklich vorstellen, wie es besser werden könnte. Wir haben keinen Sozialismus, an den wir glauben können, aber wir hängen auch nicht mehr dem Heilsversprechen der radikalen Marktwirtschaft an. Denn zu deren Opfern gehören schließlich unsere Zukunftsaussichten und unsere Sicherheit.

Wir stehen also vor der großen und schwierigen Frage nach dem »Was denn dann?«. Doch um das »Was dann?« denken zu können, müssten wir erst einmal anfangen, das Jetzt einer echten Kritik zu unterziehen. Und wir müssten lernen, uns auch mal Alternativen vorzustellen, ganz egal, wie unrealistisch oder wenig konstruktiv sie uns in dem Moment vorkommen.

Dabei sind unsere Konfliktangst und Abneigung gegen Kritik unsere ärgsten Feinde. Die größte Schwierigkeit für meine Generation, politisch relevant zu werden, ist nicht, wie so oft behauptet, ein fehlender Gegner oder ein mangelndes Ziel. Die Schwierigkeit liegt in den Grundvoraussetzungen:

zum einen in unserem zwanghaften Pragmatismus. Die Perspektiven sind nun einmal schlecht, die Gletscher schmelzen nicht langsamer, die Leistungsgesellschaft überwindet sich nicht von selbst, die politische Situation wird nicht einfacher, die Kriege werden nicht weniger und der Ausstieg aus der Atomkraft gelingt nicht schneller, indem wir Kosten und Nutzen unseres eigenen Engagements und unserer eigenen Verwicklung mit der Welt kalkulieren.

Die andere Schwierigkeit ist unser Verhältnis zu Politik und Öffentlichkeit: Was sollen wir aus unserer Gesellschaft machen, wenn wir nicht mal mehr wissen, wie man sich als Teil der Gesellschaft fühlt? Wie verbindet man sich mit anderen Menschen auf ernst zu nehmende Weise, wenn man eigentlich mit dem Großteil von ihnen nichts zu tun haben möchte? Wie können wir Interessengemeinschaften bilden, von denen wir uns vertreten fühlen, wenn wir kein »Wir« kennen oder mögen? Wie können wir unseren heiß geliebten Individualismus, unsere lebensnotwendige Ironie und unseren ausgeprägten Sinn für das Private in irgendeiner Form politisch zum Einsatz kommen lassen? Und ganz praktisch: Welchen Institutionen und Organisationen wollen und können wir uns anschließen, wenn der Weg durch die Parteien jeglichen Individualismus und alle Ideale raubt?

Von vielen klugen Köpfen gibt es gute Ideen: Mit Sicherheit geht es nicht ohne Reformen der Parteien und Modernisierung der Gewerkschaften. Arbeitnehmerrechte müssen gestärkt werden, die Kluft zwischen Arm und Reich muss sich durch eine konsequentere Steuerpolitik wieder verkleinern. Das Bildungssystem muss gerechter werden. Die Parteien müssen ihre Strukturen lockern und nicht nur für karriereorientierte Berufsopportunisten offen sein.

Grundsätzlich muss die Politik ihren gesellschaftlichen Vorrang vor den Interessen der Wirtschaft zurückgewinnen – und braucht dafür die Unterstützung der Gesellschaft. Es liegt an jedem Einzelnen, die Politik und ihre Akteure entweder sich selbst zu überlassen oder dafür zu sorgen, dass sie so wird, dass wir wieder mitmachen wollen. Doch dafür fehlt meiner Generation, neben der Utopie, zweierlei: die Lust an und die Wertschätzung von Konflikt und Konfrontation. Und das Selbstvertrauen, die eigene Kritik wichtig zu finden.

Vielleicht ist es das Schicksal meiner Generation, ohne gemeinsame Ziele oder Visionen durch die Zeit zu gehen, mit dem Smartphone in der Hand und nichts als dem nächsten Job, dem nächsten Partner, der nächsten Station in Sicht. Vielleicht geht es uns einfach zu gut. Vielleicht wird man irgendwann über uns sagen: Sie ließen ihre Welt veröden, weil sie zu viel Angst davor hatten, sie zu retten.

Ich glaube nicht, dass das so sein muss. Ich glaube, wenn wir beginnen, Kritik zu üben und nicht immer alles richtig machen zu wollen, ergeben sich die Veränderungen von selbst. Auch wenn wir so gut darin sind, uns mit den Dingen abzufinden – wir haben die Wahl.

Literatur

Bücher und Zeitschriften

Butterwegge, Christoph, *Krise und Zukunft des Sozialstaates*, VS Verlag für Sozialwissenschaften 2006.

Crouch, Colin, *Postdemokratie*, Suhrkamp 2008.

Deleuze, Gilles, »Postskriptum über die Kontrollgesellschaft«, in: *Unterhandlungen 1972–1990*, Suhrkamp 1993.

Foucault, Michel, *Was ist Kritik?*, Merve 1992.

Franzen, Jonathan, *Freedom*, Farrar, Straus and Giroux 2010.

Hartung, Manuel J./Schmidt, Corinna, *Die netten Jahre sind vorbei. Schöner leben in der Dauerkrise*, Campus 2010.

Heitmeyer, Wilhelm (Hrsg.), *Deutsche Zustände*, Folge 9, Suhrkamp 2010.

Illies, Florian, *Generation Golf*, Fischer Taschenbuch 2002.

Judt, Tony, *Ill fares the Land*, Penguin 2010.

Leif, Thomas, *Angepasst und ausgebrannt: Die Parteien in der Nachwuchsfalle. Warum Deutschland der Stillstand droht*, Goldmann 2010.

Parnes, Ohad, et al. (Hrsg.), *Das Konzept der Generation. Eine Wissenschafts- und Kulturgeschichte*, Suhrkamp 2008.

Seidl, Claudius, *Schöne junge Welt. Warum wir nicht mehr älter werden*, Goldmann 2005.

Senft, Elena, *Und plötzlich ist später jetzt. Vom Erwachsen werden und nicht wollen*, Droemer Knaur 2009.

Sontag, Susan, *Against Interpretation and Other Essays*, Picador 2001.

Weisbrod, Bernd, »Generation und Generationalität in der Neueren Geschichte«, in: *Aus Politik und Zeitgeschichte* (8/2005).

Studien

Bauernschuster, Stefan, et al., *Schadet Internetnutzung dem Sozialkapital?*, herausgegeben vom Deutschen Institut für Wirtschaftsforschung 2010.

Fischer, Lars, »*Studium – und darüber hinaus? Gesellschaftliches Engagement deutscher Studierender*«, Projektbericht des Hochschulinformationssystems, 2006.

Pollack, Reinhard, »*Kaum Bewegung, viel Ungleichheit. Eine Studie zu sozialem Auf- und Abstieg in der Bundesrepublik Deutschland*«, im Auftrag und herausgegeben von der Heinrich-Böll-Stiftung 2010.

Stefanone, Michael A., et al., »Contingencies of Self-Worth and Social-Networking-Site Behavior«, in: *Cyberpsychology, Behavior, and Social Networking* 14 (Band 1–2) 2011.

14. Shell-Jugendstudie, *Jugend 2006. Eine pragmatische Generation unter Druck*, Fischer Taschenbuch Verlag.

»*Jugendarbeitslosigkeit wird unterschätzt*«, herausgegeben vom DGB, Oktober 2008.

»Wandel der politischen Orientierungen und gesellschaftlicher Werte der Studierenden«, Studierendensurvey der Arbeitsgruppe Hochschulforschung der Universität Konstanz im Auftrag des Bundesministeriums für Bildung und Forschung, Berlin 2008.

Danke an ...

meine Familie: Kendall, Thomas, Ezra und Léonie Haaf. Nicola Bauer, Guntram Fink und Familie Bauer;

Lea Hampel, ohne die es Mist wäre;

meine Freunde Andreas Bernard, Filippo Cataldo, Hanna Engelmeier, Christian Flierl, Christoph Gurk, Tina Hoffmann, Monika Keiler, Hannes Kerber, Tanja Kernweiss, Michèle Loetzner, Conradin von Nicolai, Adrian Renner, Xenia Schleuning, Dirk Schmidt, Lucía Sorianelo, Katharina Wolfrum, Tobias Yves Zintel;

Tino Bargel, Jan Böning, Franziska Drohsel, Professor Michael Hartmann, Christoph Giesa, Wolfgang Gründinger, Malte Pennekamp, Nadja Schlüter, Lars Weisbrod und alle meine Facebook-Freunde;

die Mädchenmannschaft: Anna Berg, Helga Hansen, Magda Albrecht, Verena Reygers, Nadine Lantzsch, Nicole Selmer;

meine Agentin Diana Stübs und meine Lektorinnen Anne Wiedemeyer und Katharina Wulffius;

Levi Haaf, für seine wundervolle Existenz;

Patrick Bauer, für all das Glück.

Rebecca Niazi-Shahabi

Nett ist die kleine Schwester von Scheiße

Danebenbenehmen und trotzdem gut ankommen. 288 Seiten.
Piper Taschenbuch

»Weniger ist mehr« gilt vielleicht für die Farbwahl der Abendgarderobe – nicht aber für das anschließende Geschäftsessen. Wer sich immer brav im Hintergrund hält und verbindlich lächelt, hinterlässt außer einem lauwarmen Händedruck bestimmt keine weiteren Spuren. »Nett ist die kleine Schwester von Scheiße« zeigt, dass Charisma erlernbar ist, wie Charme perfekte Manieren ersetzt, und verrät die Geheimnisse prominenter Provokateure. Eine Kulturgeschichte des schlechten Benehmens, die Eindruck macht!

Malte Welding

Frauen und Männer passen nicht zusammen – auch nicht in der Mitte

Warum die Liebe trotzdem glücklich macht. 368 Seiten.
Piper Taschenbuch

Malte Welding schaut den Liebeskranken in die Betten, die Köpfe und die Herzen und stellt die Frage: Ist die Liebe noch zu retten – sind wir noch zu retten? Thomas ist ein notorischer Aufreißer, der sich heimlich nach der großen Liebe sehnt, Katharina kauft öfter Schuhe als sie mit ihrem Freund schläft und Kurt trennt sich von Johanna, weil sie mehr verdient als er. Scharfzüngig und mit viel Gespür fürs Allzumenschliche ergründet er die Liebesfallen der Nullerjahre. Lustfördernde Heilmittel für alle Formen der Bindungsangst garantiert.

Denn irgendwie passen sie doch zusammen – vor allem in der Mitte.

»Wahr und witzig!«
Jolie